Roland Mexa

RAUS AUS DEM SUFF!

So besiegst Du Deine Alkoholsucht

ersa Verlag

RAUS AUS DEM SUFF!

So besiegst Du Deine Alkoholsucht

Roland Mexa

Taschenbuchausgabe Mai 2016
2.erweiterte Auflage 2016
ISBN 978-3-944523-15-6

Umschlaggestaltung: ersa Verlag
Urheber Fotos: © monticellllo - Fotolia.com, © Minerva Studio - Fotolia.com
Herstellung: SOL Service GmbH Schrobenhausen,
Printed in Germany

ersa Verlag UG (haftungsbeschränkt)
Gagzow, Dorfstr.15, 23974 Krusenhagen/Germany

Inhaltsverzeichnis

„Es hat keinen Sinn, Sorgen in Alkohol ertränken zu wollen, denn Sorgen sind gute Schwimmer.“

Robert Musil (Österreichischer Schriftsteller 1880-1942)

Vorwort

Herzlichen Glückwunsch – Sie haben den ersten Schritt in die Richtung eines alkoholfreien Lebens geschafft. Denn Sie haben erkannt, dass Sie Ihr bisheriges Trinkverhalten unbedingt ändern müssen.

Sie wollen endlich „raus aus dem Suff"? Sie haben die Nase voll davon, dass Ihr Leben nur noch vom Alkohol bestimmt wird? Sie möchten jetzt Ihr Leben in den Griff bekommen, es selbst bestimmen und wieder eine Perspektive haben?

War es Ihr Ehepartner, ein guter Freund oder ein Kollege, der Sie auf Ihr Alkoholproblem angesprochen hat? Oder sind Sie von ganz allein zu der Erkenntnis gekommen, dass jetzt endlich Schluss sein muss mit dem abnormalen Trinkverhalten? Sind Sie die vielen lästigen Diskussionen leid, weil Sie immer wieder auf Ihren Alkoholkonsum angesprochen werden? Wer auch immer den Stein ins Rollen gebracht hat - wenn Sie dieses Buch in Ihren Händen halten, dann haben Sie ganz sicher erkannt, dass Ihr bisheriges Trinkverhalten nicht mehr so weitergehen kann wie bisher.

Herbert Grönemeyer bringt es in seinem Song-Klassiker ‚Alkohol' klar auf den Punkt:

‚Alkohol ist dein Sanitäter in der Not. Alkohol ist dein Fallschirm und dein Rettungsboot. Alkohol ist das Drahtseil auf dem du stehst, Alkohol ist das Schiff mit dem du untergehst.'

Alkohol ist Zuflucht und Verdammnis zugleich. Und meistens ist er auch ein Hilferuf an die Mitmenschen, denn als Alkoholiker weiß man nicht mehr, wohin mit seinen Sorgen. Ja, die Sucht ist eine mögliche Flucht aus diesen Problemen, weil es anscheinend keinen anderen Ausweg gibt. Seit einiger Zeit merken Sie jedoch, dass sich durch den Alkohol Ihre Probleme sogar noch vergrößern. Die Gesundheit meldet sich immer öfter beklagt über den Alkoholkonsum.

Im Grunde wissen Sie selbst, dass Sie sich mit Ihrem Konsum großen Schaden zufügen und mit Ihrer Gesundheit Raubbau betreiben. Und im tiefsten Winkel Ihres Herzens wissen Sie auch ganz genau, dass Sie Schluss damit machen müssen. Die Frage ist nur: WIE?

Wie kann man sich von diesem Teufelszeug befreien, das einen nun schon so viele lange Jahre begleitet? Fragen über Fragen:
Was ist zu tun?
Wer hilft mir?
Welche Therapien machen Sinn?
Wie sind überhaupt die Zukunftsaussichten?
Wie lebt es sich denn überhaupt, so ganz ohne den Alk?
Die Fragen, die man sich stellt, wenn man „aussteigen“ will, sind besonders am Anfang so zahlreich, dass man zunächst gar nicht weiß, wo man überhaupt beginnen soll.
Viele Tipps aus der Praxis und Empfehlungen aus erster Hand machen dieses Buch für Sie zu einem wichtigen Begleiter für Ihren Weg aus dem Alkoholsumpf.

Erfahren Sie, wie auch Sie erfolgreich die passende Entzugsmöglichkeit finden können, und wie Ihr neues Leben ohne Alkohol aussehen kann.
Lesen Sie auch, welche naturheilkundlichen Therapiemaßnahmen Ihren Ausstieg begleiten könnten. Sie erhalten außerdem viele Tipps, wie Sie sich selbst motivieren können und welche Strategien für Ihren dauerhaften Erfolg sorgen. Und sollte trotz aller Anstrengungen ein Rückfall vor Ihrer Tür stehen, dann wissen Sie mithilfe dieses Buches schnell, was Sie in dieser Situation tun sollten.

Sie sind fest entschlossen? Dann packen Sie es an. Jetzt und sofort! Treten Sie Ihre Reise in die Alkoholfreiheit an, mit meiner Hilfe. Dabei liegt es jedoch ganz und allein an Ihnen, was Sie aus Ihrem weiteren Leben machen. Es ist Ihre Entscheidung, Ihr Wille und Ihr Durchhaltevermögen, die entscheidend dafür sind, wie glücklich Sie für den Rest Ihres Lebens sein werden. Und der Lohn für Ihre Bemühungen und Strapazen kann sich durchaus sehen lassen:
Eine spürbar bessere Lebensqualität und viele geschenkte Lebensjahre, die Ihnen der Alkohol geraubt hätte, warten auf Sie.
Ich wünsche Ihnen dafür viel Erfolg, Kraft und Disziplin...Kurzum:
ALLES GUTE!

„Selbst der längste Weg beginnt mit dem ersten Schritt.“
Lao Tse (~ 600-400 v. Chr.)

Einleitung

Sicher kennen Sie den Spruch: ‚Ein Gläschen in Ehren kann keiner verwehren.' Und natürlich hat das gelegentliche Gläschen Wein oder Bier nichts mit Alkoholismus zu tun. Es hat sich jedoch gezeigt, dass es durchaus verschiedene Arten des Umgangs mit Alkohol gibt, und wie jeder Mensch verschieden ist, so lassen sich auch unterschiedliche 'Trinkertypen' feststellen, wie Sie im Laufe dieses Buches noch genauer erfahren werden.
Die wahrhaftige Zahl derer, die alkoholabhängig sind, bleibt bis heute im Dunkeln. Wir wissen gar nicht, wie viele Menschen wirklich Alkohol trinken. Noch weniger wissen wir, wie viele von ihnen letztendlich bereits abhängig sind. Meistens erfahren wir es erst Jahre später, dass ein Mitarbeiter alkoholkrank war, oder aber eine gute Freundin versucht hatte, ihre Beziehungskrise mit etlichen Flaschen Alkohol zu überwinden. Die Verheimlichung ist sehr groß, genauso wie das Abhängigkeitspotential.

Alkoholabhängigkeit zählt heutzutage zu den größten gesellschaftlichen Problemen. Aber obwohl die Krankheit in einem so bedrohlichen Ausmaß verbreitet ist, wird sie noch immer viel zu oft verkannt, vertuscht und verheimlicht. Alkoholabhängigkeit ist eine Krankheit, über die nicht gerne gesprochen wird, obwohl sie inzwischen in so vielen Familien Einzug gehalten hat. Weltweit steht Alkohol unter den suchtgefährdenden Substanzen an zweiter Stelle. Rund 2 % aller jährlichen Sterbefälle gehen auf das Konto des Alkohols. Damit ist der Alkohol für mehr Tote verantwortlich als Selbstmorde und Verkehrsunfälle gemeinsam. Trotzdem kann man an fast jeder Ecke Alkohol vollkommen legal erwerben. Sicher ist auch Ihnen schon längst selbst aufgefallen, dass wir überall von Alkohol umgeben sind.

Darüber hinaus werden wir täglich durch die Boulevardpresse darüber informiert, welcher Promi, Künstler oder Musiker unter dem Einfluss von Alkohol oder anderen Drogen gestanden hat, und wer ein echtes Alkoholproblem hat. Die Stars in den Filmen greifen hier und da zum Glas. Aber auch in der Welt von ‚Jedermann' lässt sich Alkohol kaum noch wegdenken: Veranstaltungen privater oder öffentlicher Natur, Partys, Clubs und Diskotheken – Alkohol ist immer dabei. Ja, Alkoholkonsum gehört zu unserem alltäglichen Leben wie das tägliche Fernsehen, Telefonieren, Essen, Duschen und vieles mehr.

Fast könnte man meinen, es sei auch noch schick, Alkohol zu trinken. Aber die Auswirkungen bleiben stets unter der großen Dunstglocke versteckt, darüber spricht man eben nicht so gerne. Die Wahrheit ist: Alles Lüge!

Denn die Alkoholabhängigkeit entwickelt sich meist langsam und kontinuierlich.

Sie entsteht aus persönlichen Defiziten wie Schicksalsschlägen, Belastungen, Problemen, familiären Vorgeschichten und ist sehr vielschichtig. Sie kann den Manager ebenso betreffen wie den Obdachlosen. Nur irrtümlicherweise beschränkt sich unser Bild von Alkoholsüchtigen häufig auf die ‚Unterschicht'. Sozialschwache Familien oder Obdachlose werden damit in Verbindung gebracht. Aber das Schlimme an der Alkoholsucht ist, dass die wahren Zahlen und Ausmaße sich eben nicht auf soziale Unterschichten begrenzen, sondern weit darüber liegen. Alkoholiker sind in allen gesellschaftlichen Schichten zu finden. Aufklärung und Vorbeugung tun Not, können aber den Alkoholismus nicht gänzlich verhindern.

Aber auch die Gesellschaft und die wandelnden Zeiten tun ihres dazu, dass Menschen sich vermehrt in Drogen flüchten. Zwar gab es Alkoholismus und Drogenabhängigkeit schon immer, aber die vielen heimlichen Trinker und die Komasäufer werden immer mehr. Die gestiegenen Anforderungen im sozialen, wie im beruflichen Leben überfordern die meisten Menschen. Wer dann keine gute ‚Auffangstation' durch Familie, Partner, Freunde oder den Arbeitsplatz hat, der kann schnell abrutschen. Wie meinte schon Wilhelm Busch in „Die fromme Helene"?

„Es ist ein Brauch von Alters her: Wer Sorgen hat, hat auch Likör."

Der Teufelskreis, der sich aus der Alkoholabhängigkeit ergibt, ist sehr tragisch. Neben der eigentlichen Krankheit wird mit der Zeit auch das Verstellen und Verstecken vor der Familie, den Freunden, Arbeitskollegen zu einer großen Belastung. Letztendlich werden alle Lebensbereiche des alkoholkranken Menschen eingeschränkt. Die eigene Urteilsfähigkeit nimmt ab, man ‚verkommt', gammelt vor sich hin und ist letztlich auch nicht mehr leistungs- und gesellschaftsfähig.

Den Absprung zu schaffen ist nicht unmöglich; aber es ist auch nicht einfach. Daher sind eine rechtzeitige Erkenntnis und die Hilfe von außen sehr wichtig, um dem schleichenden Verfall auf geistiger und körperlicher Ebene und der gravierenden Abhängigkeit vorzubeugen. Je früher man erkennt, dass man den Alkohol zum Feind hat, desto eher kann man ihn wieder loswerden. Aber genau das ist der springende Punkt: Das Erkennen, die Einsicht und das Loslassen vom falschen Freund. Das bedarf viel Selbstdisziplin, Unterstützung von außen und auch Psychotherapien, um sich nicht in die vollkommene Abhängigkeit zu begeben.

Entwicklungsphasen und Krankheitsverlauf

Der Werdegang eines Alkoholikers lässt sich nicht in typische und einheitliche Entwicklungsphasen oder in einen linearen Krankheitsverlauf einteilen. Wie sich die Alkoholabhängigkeit entwickelt, hängt immer von mehreren Faktoren ab, wobei die jeweilige Ursache für die Alkoholsucht und die Persönlichkeit des Betroffenen als besonders entscheidend gelten. Meistens zieht sich die Sucht über viele Jahre konstant hin, sie kann aber auch einen rapiden Verlauf annehmen und zu einem schnellen Anstieg des Alkoholkonsums führen.
Wenn man auf wissenschaftliche Erkenntnisse zurückgreift, so kann der Verlauf der Alkoholkrankheit nach dem Psychologen Elvin Morton Jellinik in vier unterschiedliche Phasen eingeteilt werden:

1. Vorläuferphase

In der Regel geht der Alkoholabhängigkeit zunächst die ‚Vorläuferphase' voraus, bei der das Trinken in sozialen Zusammenhängen beginnt. Das Trinken in Gesellschaft ist unauffällig, der Rausch stellt eine befriedigende Erleichterung und ein Wohlgefühl dar. Dies wird aber der Situation an sich zugeschrieben, weniger dem Alkohol. Da, wo sich die Gelegenheit anbietet ‚nebenbei zu trinken', wird der potentielle Alkoholiker immer öfter zu finden sein: Beim Abendessen, Fernsehen und bei jedem sich bietenden festlichen Anlass. Auch regelmäßige Skattreffen, Kegelabende und Chorproben werden schnell zum Zwecke des Alkoholtrinkens missbraucht.

Zwar verbleiben die meisten Menschen in diesem Stadium, aber für suchtgefährdete Personen birgt dieses Verhalten ein großes Risiko. Denn mit der Zeit sinkt die Toleranzschwelle für den Alkohol immer weiter, was dazu führt, dass zunehmend mehr getrunken wird, um den gewünschten vermeintlich befreienden Zustand zu erreichen.
Aus dem gelegentlichen Trinken wird dann zusehends eine Gewöhnung, denn es wird nun auch getrunken, um dieses entspannende Gefühl nach psychischen und körperlichen Anstrengungen zu erhalten und unangenehme Probleme zu überdecken. Dabei merkt derjenige aber nicht, dass der Alkoholkonsum kontinuierlich steigt. Die Basis

für die Anfangsphase der ‚Alkoholikerkarriere' ist damit gelegt. Fatalerweise hegen weder der Betroffene selbst, noch seine Freunde und Angehörigen einen Verdacht, dass das bereits jetzt vorhandene übermäßige Trinkverhalten ein Vorbote der Alkoholabhängigkeit ist.

2. Symptomatische Phase

Die nächste Stufe wird als symptomatische Phase, oder auch Anfangsphase bezeichnet. Auch diese erscheint dem Betroffenen, als auch seinen Freunden und Angehörigen noch als unverdächtig, obwohl erste Auffälligkeiten eigentlich nicht mehr zu übersehen sind. In dieser symptomatischen Phase treten erste Gedächtnislücken auf, der Alkoholabhängige schwankt zwischen einem normalen und einem irritierten Verhalten hin und her. Der Alkohol wird in diesem Stadium bereits gebraucht. Dem Alkoholiker selbst fällt sein vermehrter Konsum auf und er versucht alles, um nach außen nicht aufzufallen. Das alleine und heimliche Trinken nimmt zu. Alkohol wird nicht mehr genussvoll, sondern hastig getrunken, denn die Wirkung soll ja schnell einsetzen. Die Gedanken kreisen um das erlösende Glas.
Gelegenheiten, um Alkohol trinken zu können, werden in dieser Phase vermehrt gesucht.

Hier ist nicht mehr nur das Gefühl der Erleichterung wichtig, sondern man spricht vom Entlastungstrinken. Durch die körperliche Gewöhnung wird eine immer höhere Alkoholmenge nötig, um das befreiende Gefühl zu erreichen. So wird in jedem belastenden Moment getrunken, denn nur das bringt Erleichterung. Das Suchtverlangen ist wie quälender Hunger oder Durst und kann durch die Entzugserscheinungen auch mit zittrigen Händen, Unruhe oder Aggression einhergehen, wenn man nicht schnell genug zu seinem Stoff kommt. Wie ein Virus, das sich ausbreitet, wird der Alkoholkonsum immer größer, das Verlangen stärker, und der Kontrollverlust über den Alkoholkonsum setzt ein. Wenn in diesem Stadium nicht gegengesteuert wird, ist die chronische Alkoholabhängigkeit die zwangsläufige Folge.

3. Die kritische Phase

Die kritische Phase ist dann erreicht, wenn der Alkoholiker sein Trinkverhalten nicht mehr kontrollieren kann. Auch wenn der Betroffene gegen sein Trinken angeht, so verfällt er dem Alkohol doch immer wieder. Auch wenn er über einen längeren Zeitraum nichts trinkt, genügt eine kleine Menge, um das Verlangen nach Alkohol wieder so zu steigern, dass er ungebremst bis zum absoluten Vollrausch trinkt. Der Trinker meint jedoch noch, dass er, wenn er wieder nüchtern ist, sein Trinkverhalten ändern kann. ‚Nur noch dieses eine Glas'; aber das ist ein Trugschluss, denn er ist bereits schon so abhängig vom Alkohol, dass er es nicht wahrhaben will und verdrängt. Ausreden für das Trinken und die damit verbundene Leistungsminderung, sowie Ausfälle jeglicher Art sind an der Tagesordnung. Freizeitbeschäftigungen werden vernachlässigt, die Probleme am Arbeitsplatz nehmen zu, und Streitigkeiten und Konflikte in der Familie gehören vielleicht mittlerweile zum Alltag.

Außer dem Alkohol gibt es keine Lösungsmöglichkeiten für die Probleme, die in den Alkoholkonsum geführt haben. Der Alkohol wird so zum Rettungsanker. Es ist nur noch eine Frage der Zeit, bis die Familie oder nahe stehende Personen hinter das Alkoholproblem kommen, denn auf Dauer lässt es sich nicht mehr verstecken. Wenn der Betroffene von jemandem auf seinen erhöhten Alkoholkonsum angesprochen wird, reagiert er mit Abwehr und Rechtfertigungen. Ausreden hat er immerzu parat, ja man muss eingestehen: Die Abhängigen sind wahre Meister der Täuschung. Es kommt zu Auseinandersetzungen und belastenden Situationen, und nicht selten werden die Personen im direkten Umfeld, insbesondere Familienangehörige und enge Freunde, zu Co-Abhängigen; weil sie die Sucht sozusagen decken und nach außen hin verheimlichen wollen. Auch die Scham spielt hier eine große Rolle.
‚Alkoholiker sind Außenseiter in der Gesellschaft',
diesen Ruf gilt es, mit allen Mitteln zu verhindern; da man Angst vor Ausgrenzungen hat und verständlicherweise Repressalien fürchtet.
Dennoch ist der Süchtige selbst in einer Machtrolle, zumindest

in Bezug auf seinen coabhängigen Begleiter. Er kann diese durch Aggressionen, Gewalt, Drohungen, oder aber ein Mitleid erweckendes Verhalten manipulieren und kontrollieren.
Die Isolation von der Außenwelt ist jetzt die einzige Möglichkeit, mit sich und seinen Problemen allein zu bleiben, weil der Alkoholkranke das auch will. Auch die Freunde selbst ziehen sich zurück, weil sie den Kontakt zunehmend als belastend und unangenehm empfinden. Nach außen kann der Alkoholiker wegen seiner Auffälligkeiten nicht mehr treten, jeder würde ihm anmerken, dass er betrunken ist. Auch ist er gar nicht mehr dazu in der Lage, da sich Rausch- und Entzugserscheinungen abwechseln, und er dadurch auch körperlich geschwächt ist. Die Sicht auf die Realität wird immer verklärter, Eigensinn und Selbstmitleid prägen sich beim Abhängigen aus. Allerdings gibt es auch Zeiten, in denen der Alkoholsüchtige wie verzweifelt Nähe sucht.

Hinzu kommt, dass er seine Ernährung vernachlässigt. Der tägliche Kalorienbedarf wird immer mehr durch den Alkohol, anstatt durch nährstoffreiche Lebensmittel, gedeckt. Gesundheitliche Beschwerden lassen dann meist nicht mehr lange auf sich warten.
Die Alkoholabhängigkeit ist in diesem Stadium bereits so weit fortgeschritten, dass das Trinken schon am Vormittag beginnt. Hat der Betroffene keine Gelegenheit hierzu, treten verschiedene Entzugserscheinungen auf, weil sich die Alkoholabhängigkeit nicht mehr auf die Psyche beschränkt, sondern inzwischen auch der Körper abhängig geworden ist. Symptome wie Schweißausbrüche, Zittern oder Erschöpfung sind hier deutliche Zeichen.

4. Die chronische Phase

In der chronischen Phase braucht der Abhängige den Alkohol immer und andauernd. Er trinkt zu allen Tageszeiten, schon am frühen Morgen geht es los. Dabei ist er permanent im Rauschzustand, über viele Tage hinweg. An Arbeitsfähigkeit und eine geregelte Tagesstruktur ist in dieser Situation nicht mehr zu denken.
Die soziale Isolation ist in dieser Phase schon so weit, dass nur noch Kontakte mit Leuten gesucht werden, die ebenfalls trinken. Denn hier braucht man sich nicht zu rechtfertigen, hier ist man unter Seinesglei-

chen, unter seinen Saufkumpanen. Solche Gruppen wirken nach außen hin bedrohlich, dass wissen wir selbst. Wenn wir durch einen Park spazieren, und sehen eine Gruppe alkoholisierter Menschen, dann wird uns Angst und Bange, denn wir müssen damit rechnen, dass sie in ihrer Trunkenheit zu allem bereit sind. Anstand, Rechtsempfinden und Selbstachtung gehen mit dem Alkohol unter, und auch das Gefahrenpotential für Unbeteiligte steigt.

Wenn der Alkohol in diesem fortgeschrittenen Stadium fehlt, machen sich permanente Unruhe und Angst breit. Denn nur die Zufuhr von Alkohol kann diesen Empfindungen Abhilfe verschaffen und drohende Entzugserscheinungen verhindern. Überhaupt kommt es in der chronischen Phase zunehmend zu Auffälligkeiten und Persönlichkeitsveränderungen, die als Folge der Gehirnschädigungen entstehen und von starken Gedächtnisstörungen begleitet werden.
Das Fatale ist jedoch, dass mittlerweile sehr große Alkoholmengen benötigt werden, und zunehmend auch Billigprodukte auf den Tisch kommen. In ganz besonders schlimmen Fällen schrecken die Abhängigen auch vor Brennspiritus nicht zurück. Auch alles, was nur annähernd Alkohol enthält, kommt in Frage. Das können medizinische Tropfen sein, Kosmetikartikel oder aber auch Lebensmittel, die Alkohol enthalten.

Als Gegeneffekt der immer größeren benötigten Alkoholmenge kann in der chronischen Phase allerdings auch ein sogenannter Toleranzbruch eintreten. In diesem Fall benötigt der Alkoholiker nur noch geringe Alkoholmengen, um so einen Rauschzustand zu erreichen wie in früheren Zeiten. Dies wird darauf zurückgeführt, dass in diesem Stadium die Alkoholverträglichkeit fast komplett kollabiert ist.
Wenn sich die chronische Phase dem Endstadium nähert, treten sogenannte Alkoholpsychosen auf, die sich in Verbindung mit Halluzinationen, Angst und Desorientierung zeigen. Auch epileptische Anfälle oder ein lebensbedrohliches Delirium sind zu beobachten. Die Suizidgefahr ist hier sehr hoch. Es besteht aber auch die Gefahr, dass der Betroffene aufgrund von schweren körperlichen Krankheitserscheinungen zusammengebrochen ist und nicht rechtzeitig gefunden wird.

Dieses Risiko besteht insbesondere dann, wenn der Abhängige keinen Kontakt mehr zur Außenwelt hat.
In der Praxis hat sich gezeigt, dass der Alkoholkranke in dieser Endphase auch Hilfe annehmen will. Die lebensrettende Maßnahme besteht dann aus Entgiftung durch körperlichen Entzug in einer Klinik. So kann im Anschluss auch eine geeignete Entwöhnungsbehandlung weitergeführt werden.

Jeder Verlauf ist individuell

Ein Verlauf kann in diese Phasen eingeteilt werden, muss es aber nicht. Denn auch während die Alkoholabhängigkeit schon besteht, ist es, je nach Ausprägung, für den Betroffenen noch möglich, aus eigener Kraft das Trinkverhalten wieder zu normalisieren, zu reduzieren oder ganz einzustellen. Das liegt aber immer in der Persönlichkeit des Einzelnen und in der Lösung des zugrunde liegenden Problems, das den Alkoholkonsum verstärkt hat. Eine Pauschalisierung kann daher nicht erfolgen. Lassen Sie uns dies an einem Beispiel verdeutlichen:

Wenn ein Mensch aufgrund beruflicher Belastungen anfängt, Alkohol zur Kompensation und Erleichterung zu trinken, ihm aber klar wird, dass seine beruflichen Probleme den Alkoholkonsum erhöhen, und er nicht so weitermachen will, dann wird er sich Hilfe suchen. Durch die Lösung des Problems, beispielsweise durch einen Arbeitsplatzwechsel, löst sich auch das Alkoholproblem, denn die Grundlage zum Trinken ist weggefallen. Auch diese Fälle sind in der Praxis zu beobachten. Es muss also nicht immer ein gradliniger, strikter Verlauf sein, sondern es kann auch eine Kehrtwendung inmitten der unterschiedlichen Phasen geben.
Besonders bedenklich sind jedoch Situationen, in denen der Alkoholgenuss bei gleichzeitiger Einnahme von Medikamenten erfolgt. Gerade Menschen, die an Krankheiten leiden, die eine tägliche Einnahme von Medikamenten erfordern, riskieren schwerwiegende gesundheitliche Folgen durch eine Alkoholabhängigkeit. Alkohol hat Einfluss auf Medikamente. Er kann die Wirkung verstärken oder herabsetzen. Die

Vermischung von unterschiedlichen Substanzen wie beispielsweise Schlafmittel, Beruhigungsmittel oder Schmerztabletten und Alkohol, kann zu einem tödlichen Cocktail werden.
Auch die Gefahr zum Übergang auf andere, härtere Drogen ist nicht auszuschließen. Irgendwann genügt der Alkohol nicht mehr, es wird in den ‚Kreisen', in die man durch den Alkohol gekommen ist, neues probiert. Auch hier ist dann die Unglückskette vorprogrammiert. Man schlittert von der einen Sucht in die nächste, belastet Körper und Psyche, und ein Entzug wird immer schwerer. Denn in diesem Stadium ist es eben nicht mehr ‚nur' der Alkohol, von dem es loszukommen gilt.

Trinktypen

Der Hintergrund des Trinkens bestimmt erheblich die Entwicklung und den Krankheitsverlauf. Und so ist nicht jeder Alkoholabhängige mit einem anderen vergleichbar. Zu verschieden sind die jeweiligen Trinkgewohnheiten und die Ausprägung der Abhängigkeit. Um das Ausmaß der Krankheit in etwa einordnen zu können, unterscheidet man nach verschiedenen Trinktypen, die auch als ‚*Trinktypen nach Jellinek*' bezeichnet werden und auf den Psychologen Elvin Morton Jellinek zurückgeführt werden. Demnach sind die beiden ersten Typen (Typ Alpha und Typ Beta) als Vorstufen zur Alkoholsucht zu sehen, während die weiteren drei Typen die Kriterien der Alkoholabhängigkeit erfüllen.

Zu bedenken ist jedoch, dass ein Alkoholiker nicht immer genau in eine dieser fest umrissenen Kategorie passt. Sehr häufig gibt es auch Misch- oder Übergangsformen, insbesondere dann, wenn der Alkoholiker sein Trinkverhalten verändert. Dies sind oft Prozesse, die sich vollziehen, wie beispielsweise bei einem Erleichterungstrinker, der zunehmend zu einem abhängigen Trinker wird.

Erleichterungstrinker (Typ Alpha)

Der erste Typ nach der Einteilung nach Jellinek ist der so genannte ‚Erleichterungstrinker' (Typ Alpha). Im Volksmund trägt dieser Typ auch die Namen Konflikttrinker, Kummertrinker oder Problemtrinker. Er benutzt den Alkohol, um innere Spannungen abzubauen und Konflikte, Sorgen und Nöte zu unterdrücken und sich durch den Alkohol wohl zu fühlen. Erleichterungstrinker sind davon überzeugt, dass sie den bedrohlichen Spannungszustand nur mit Hilfe des Alkohols aushalten können.

Die Menge des konsumierten Alkohols hängt bei diesem Typ von der Stärke der jeweiligen Stresssituation ab. Je bedrohlicher eine Stresssituation wie beispielsweise Ärger am Arbeitsplatz oder Konflikte in der Familie empfunden wird, desto mehr wird der Alkoholkonsum gesteigert.

Eine große Gefahr besteht hier vor allem in der Entwicklung einer psychischen Abhängigkeit; eine körperliche Abhängigkeit tritt zumindest am Anfang noch nicht auf. Personen mit diesem Trinkverhalten können einen längeren Zeitraum ganz ohne Alkohol auskommen. So sind sie auch noch nicht als alkoholkrank zu bezeichnen, jedoch gelten sie als sehr stark gefährdet. Greift ein Erleichterungstrinker über längere Zeit zur Flasche, läuft er Gefahr, ein Rauschtrinker zu werden, wobei er sein Trinkverhalten nicht mehr unter Kontrolle haben wird.

Gelegenheitstrinker (Typ Beta)

Der ‚Gelegenheitstrinker' (Typ Beta) wird auch als Geselligkeitstrinker bezeichnet. Er konsumiert Alkohol vor allem bei besonderen (gesellschaftlichen) Anlässen, hier jedoch mitunter in hohem Maße. Allerdings zeigen 'Gelegenheitstrinker' weder soziale, noch psychische Auffälligkeiten und sind meist sehr gesellig. Die Anlässe, die dieser Trinktyp für seine Eskapaden nutzt, sind häufig bestimmte Festtage, Feiern wie Schützenfeste, Geburtstagspartys, Kegeltouren und Urlaubsreisen.

Die Entwicklungsstrukturen, die der Alkoholkonsum bei vielen Gelegenheitstrinkern hervorrufen kann, sind mitunter erschreckend. So ist das ‚Komasaufen' eine regelrechte Disziplin geworden, wie man auch in Ferienzentren wie Mallorca oder Ibiza beobachten kann. Hier besteht der ganze Tag aus Alkoholtrinken, das in gefährlicher Kombination mit der prallen Sonne stattfindet. Immer mehr Jugendliche sind bereits von dieser Sucht infiziert.

Gelegenheitstrinker, die sich schon im fortgeschrittenen Alter befinden, bekommen über kurz oder lang die Folgen ihres extremen Alkoholkonsums durch gesundheitliche Probleme zu spüren.

Gelegenheitstrinker gelten als hochgradig gefährdet, alkoholabhängig zu werden, auch wenn sie im derzeitigen Status noch keine psychische oder körperliche Abhängigkeit aufweisen. Zu der Gruppe der Gelegenheitstrinker gehören weitaus mehr Menschen, als dies in der Gesellschaft überhaupt wahrgenommen wird. Doch wer sich bewusst macht, dass es meist immer wieder dieselben Menschen sind, die während der diversen Anlässe durch ihren extremen Alkoholkonsum auffallen, erkennt schnell, wer zu dieser gefährdeten Gruppe gehört.

Süchtiger Trinker (Typ Gamma)

Dieser Typ wird auch als 'Rauschtrinker' (Typ Gamma) bezeichnet. Phasen starken Alkoholkonsums wechseln sich mit Phasen ab, in denen er keinen Alkohol konsumiert und sogar mehrere Wochen komplett ohne Alkohol auskommt.

Typisch für diesen Trinktyp ist es, dass sich aufgrund des Alkoholkonsums ein Kontrollverlust einstellt: So ist es dem Rauschtrinker nicht möglich, mit dem Trinken aufzuhören, selbst wenn er davon überzeugt ist und das Gefühl hat, bereits genug Alkohol konsumiert zu haben. Schon eine kleine Alkoholmenge kann ausreichen, um den Kontrollverlust auszulösen. Dabei kann es passieren, dass direkt nach dem ersten alkoholischen Getränk kein Anhalten mehr möglich ist und innerhalb kürzester Zeit bis zum Erreichen des Vollrausches ohne Pause getrunken wird. Es gibt aber auch Alkoholiker, die nicht sofort bis zum Rauscherlebnis trinken, sondern ihre Alkoholmenge über einen Zeitraum von mehreren Wochen hinweg steigern, und erst dann ihren Kontrollverlust erleben. Ist der Rauschtrinker erst einmal wieder in seinem Trott angekommen, wird er in der Regel im Laufe der Zeit stetig höhere Alkoholmengen benötigen, um sich wohl zu fühlen. Obwohl bei diesem Trinktyp immer wieder völlig alkoholfreie Phasen auftreten, ist er dennoch als abhängig und damit als alkoholkrank einzustufen. Neben der bereits meistens vorhandenen körperlichen Abhängigkeit fällt besonders die psychische Abhängigkeit auf.

Gewohnheitstrinker (Typ Delta)

Der so genannte ‚Gewohnheitstrinker' (Typ Delta) zählt ebenfalls zu den Alkoholkranken und trägt auch die Bezeichnung ‚Spiegeltrinker'. Weil dieser Trinktyp täglich Alkohol konsumiert, ist immer eine bestimmte Konzentration von Alkohol im Blut vorhanden. Allerdings ist er nur selten völlig betrunken, und es kommt meistens nicht mehr zu Rauschzuständen.
Der Delta-Typ trinkt regelmäßig und auf den Tag bezogen eine konstante Alkoholmenge. Im Anfangsstadium genügt hier eine recht geringe Alkoholkonzentration, die sich jedoch als Folge der ansteigenden Alkoholtoleranz mit dem Fortschreiten der Sucht kontinuierlich erhöht.

Es wird zunehmend mehr Alkohol benötigt, um eine Wirkung zu erzielen. Durch den erhöhten Konsum treten die Entzugserscheinungen in den Vordergrund. Um diese zu bekämpfen, steigt der Alkoholkonsum in kürzester Zeit weiter an. Der Gewohnheitstrinker ist ein ‚funktionierender Alkoholiker', der nach außen hin den Schein wahrt. Er wird nicht betrunken auf der Arbeit erscheinen oder sich im alkoholisierten Zustand mit Freunden verabreden. Auch sonst versucht er, nach außen hin nicht aufzufallen. Die Betroffenen erscheinen ihrer Umwelt normal und nur in den seltensten Fällen alkoholisiert. In der Öffentlichkeit fällt der Spiegeltrinker fast nie mit seiner Betrunkenheit auf, denn er lebt seine Alkoholsucht unauffällig und in den eigenen vier Wänden. Dies hat zur Folge, dass diese spezielle Form der Alkoholabhängigkeit meist über eine längere Zeit unentdeckt bleibt.

Trotz der nach außen sehr unauffälligen Verhaltensformen kommt es zu einer sehr starken körperlichen Abhängigkeit vom Alkohol. Denn nur eine andauernde Zufuhr von Alkohol kann das Abfallen des Blutalkoholspiegels und somit das Auftreten von Entzugserscheinungen verhindern.
Die Gefahr körperlicher Folgeschäden ist hierbei natürlich ganz besonders hoch, denn anders als der Rauschtrinker, ist der Spiegeltrinker nicht in der Lage, über längere Zeitabschnitte ohne Alkohol auszukommen.

Quartalstrinker (Typ Epsilon)

Der sogenannte ‚Quartalstrinker' (Typ Epsilon) wird auch als Periodentrinker bezeichnet und zählt ebenfalls zu den Alkoholkranken. Typisch für diese Art der Alkoholabhängigkeit ist es, dass unregelmäßige Rauschphasen mit einem übermäßigen und exzessiven Alkoholkonsum auftreten. Diese Rauschphasen können tagelang andauern, während denen es zu einem völligen Kontrollverlust kommt. So kann es vorkommen, dass diese Trinktypen tagelang große Alkoholmengen konsumieren, bis sie aus körperlichen Gründen aufgeben müssen und zusammenbrechen.
Zwischen den Phasen unkontrollierten Alkoholgenusses treten oft wochen- oder monatelange Abschnitte auf, in denen der Quartalstrinker keinen Alkohol zu sich nimmt und völlig abstinent lebt. Dennoch gilt dieser Trinktyp als alkoholsüchtig.
Da der Quartalstrinker psychisch abhängig vom Alkohol ist, ist er besonders gefährdet, wenn er mit Konflikten konfrontiert wird oder besondere Gelegenheiten erfährt, die er immer wieder als Anlass für seinen erhöhten Alkoholkonsum nutzt.
Während der Problemtrinker (Typ Alpha) seinen Konsum nur kurzzeitig erhöht, kommt es bei dem Quartalstrinker zu mehrtägigen Trinkgelagen. Letztere bergen ein großes Risiko für massive soziale Folgen, da diese Alkoholexzesse vom Umfeld meistens nicht toleriert werden. Auch die Gefahr von körperlichen Schäden ist bei Quartalstrinkern besonders groß.

Ursachen des Alkoholismus

Wenn man vom Alkohol abhängig wird, kommt unweigerlich irgendwann die Frage auf, wieso es überhaupt so weit kommen konnte. Gab es einen bestimmten Auslöser, war es ein schleichender Prozess, der sich ins Leben hineinfraß, ohne dass man es bewusst mitbekam? Liegt es an der eigenen Persönlichkeit, weil man womöglich zu willensschwach oder labil ist? Oder will man sein mangelndes Selbstbewusstsein kaschieren? Sie sehen – für die Frage, warum man überhaupt zum Trinker geworden ist, gibt es nicht nur eine einzige Antwort. Zu vielschichtig ist das Thema der Alkoholabhängigkeit.

Es gibt viele Faktoren und Umstände, die in die Alkoholsucht führen können. So hat einerseits das private Umfeld einen entscheidenden Einfluss, aber auch die genetische Veranlagung, die Persönlichkeit und Lebenserfahrungen tragen zur Suchtentwicklung bei. Es ist eine Fülle an unterschiedlichen Faktoren, die hier ihre Wirkung zeigt.

Anstatt eine Pauschalierung für alle Alkoholiker vorzunehmen, sollte also immer der Einzelfall betrachtet werden. Denn nicht jeder, der berufliche oder private Probleme und Belastungen hat, greift zwangsläufig zum Alkohol.

Bisherige Erkenntnisse gehen davon aus, dass die Hauptursache in aller Regel in der psychischen Entwicklung der Person zu suchen ist. In der Mehrzahl der Fälle entwickelt sich der Alkoholismus daraus, dass Alkohol konsumiert wird, um innere psychische Spannungen oder Unsicherheiten abzubauen. Diese inneren Spannungen entstehen normalerweise daraus, dass ein Mensch dem Bild, das er von sich selbst gemacht hat (also besonders schön, erfolgreich, männlich, etc. zu sein), in der Realität nicht gerecht werden kann. Aber auch diverse berufliche oder private Probleme und Belastungen, sowie traumatische Erfahrungen können eine Suchterkrankung begünstigen oder auslösen.

Begünstigt wird der Alkoholkonsum schließlich auch durch seine leichte Verfügbarkeit. Denn alkoholische Getränke sind überall und ständig da. Im Supermarkt, an der Tankstelle, in der Minibar des

Hotels oder im Wohnzimmerschrank. Der Aufwand, um sich seinen Stoff zu besorgen, ist im Gegensatz zu anderen Drogen nicht groß, nicht teuer und dazu noch legal.
Alkohol wird beworben und erweckt bei vielen Menschen den (unbewussten) Wunsch, einem bestimmten Image zu entsprechen. In werbewirksamen und Lebenslust suggerierenden Werbespots und Anzeigen wird Alkohol als Stimmungsmacher verkauft. Leichtigkeit, Geselligkeit, Anziehungskraft, Wohlbefinden und viel Spaß werden mit dem Alkohol verknüpft. All dies sind positiv besetzte Attribute, die die Schattenseiten des Alkohols erfolgreich verdrängen. Und denkt man an Feiern und Partys, dann fällt einem im selben Moment auch Alkohol ein: Bunte Cocktails an der Bar, Biertrinken in einer großen Runde, Champagner bei besonderen Anlässen und Schnapstrinken auf der Kegelparty. Geburtstag, Feiertage, Beförderung – es gibt genug Anlässe, auf die man anstoßen kann oder ‚muss'. Deshalb ist auch der Griff zum Alkohol immer sehr leicht. Es braucht nicht viel, um zum Alkohol zu greifen und seine alltäglichen Sorgen darin zu ertränken.

Überhaupt lassen sich für's Alkoholtrinken immer ganz schnell Gründe und Ausreden finden: ‚*Gönn mir doch das Feierabendbier*'; ‚*Heute ist es so warm, da brauche ich mein kaltes Bier*'; ‚*Ich hab's irgendwie am Magen, deswegen brauche ich jetzt den Schnaps*'; ‚*Die Flasche war angebrochen, die musste ich doch leer machen*' oder ‚*Hab ich gar nicht gemerkt, dass ich gestern Abend so viel getrunken habe*'.

Wenn es um Begründungen und Ausreden für das Trinken geht, werden Alkoholiker meist sehr kreativ. Wenn es jedoch um Problembeseitigungen geht, ist ihre Kreativität meist sehr eingeschränkt, indem sich ihr Verhalten auf den Griff zur Flasche reduziert. Lassen Sie sich nicht manipulieren und vor allen Dingen: Manipulieren Sie sich nicht selbst. Lernen Sie, die fatalen Folgen ihres eigenen Alkoholkonsums abzuwägen. So wird es Ihnen leichter fallen, dem Griff zur Flasche in Zukunft zu widerstehen. Machen Sie sich bewusst, dass die Werbung, die Sie den ganzen Tag umschwirrt einzig der Versuch ist, SIE zu manipulieren. Doch die Wahrheit ist: Alles nur Lüge! Lernen

Sie, Klarheit zu erlangen. Versuchen Sie, sich als ‚3.Person‘ ‚selbst zu beobachten‘ und das Ende Ihres ‚Tuns‘ abzusehen und so zu vermeiden. Stellen Sie sich auch vor, wie es ist, todkrank auf dem Sterbebett zu liegen und Blut zu erbrechen, weil Ihre Organe versagen. Dies wäre dann das unausweichliche Ende dieser Manipulation. Schalten Sie Ihr Gehirn ein! Sie können es! Nutzen Sie die Kraft der Suggestion und versuchen Sie, der Versuchung zu widerstehen!

Allzu leicht werden heutzutage Probleme mit Alkohol weggeschoben. Wenn der Job über- oder unterfordert, wenn es zu Mobbing oder Schwierigkeiten am Arbeitsplatz kommt, oder wenn es um den Arbeitsplatzabbau geht, dann ist ganz schnell auch der Alkohol im Spiel. Aber auch das Abschalten nach der Arbeit fällt vielen Menschen schwer. Die Gedanken kreisen permanent um die unerledigte Arbeit, um den Konflikt mit dem Chef oder den Kollegen. Erschwerend kommt hinzu, dass die Anforderungen immer höher gesteckt werden und der Stresspegel ständig weiter zunimmt. Die freie Zeit ist zu kurz, um wirklich zur Ruhe zu kommen. Viele Probleme werden mit in den Schlaf genommen, sodass auch die Nächte nicht die erforderliche Ruhe bringen. Um den Druck um sich herum besser aushalten zu können, kommt der Griff zur Flasche oft sehr gelegen. Das abendliche Glas Wein wird dann zur Routine, irgendwann sind es zwei Gläser, und bei stärker belastenden Situationen wird es dann eine Flasche am Abend. Unbemerkt vom Betroffenen selbst, aber auch von seinen Angehörigen, steigert sich der Konsum kontinuierlich und schleichend.

Dabei stehen wir immer wieder vor zwei Problemen:

Einerseits wissen wir, was Alkohol anrichten kann, andererseits werden wir ständig mit Alkohol konfrontiert.

Das ist ein gesellschaftliches Problem. Zu allen Anlässen wird getrunken, sei es geschäftlich oder privat.

Es wäre eine klare Verschwendung Ihres eigenen Potenzials, jetzt weiterzumachen wie bisher! Sie haben viel mehr zu bieten als den lallenden Komödianten! Vermeiden Sie schlechten Umgang. Sicherlich war die vergangene Zeit ganz ok, jedenfalls gaukelte Ihnen Ihre Wahrnehmung diesen Zustand vor. Doch ziehen Sie ein Resümee, muss die Frage erlaubt sein: Wohin hat Sie Ihre Sucht gebracht? Sind Sie zufrieden, so wie jetzt alles ist?

Anspannung, Stress, Belastungen, große Probleme; das alles sind Dinge, von denen niemand verschont bleibt. Auch starke Persönlichkeiten, die so schnell nichts umhaut, können von einem auf den anderen Tag völlig ratlos und hilflos sein, wenn das Schicksal zuschlägt.

Häufiger sind es jedoch schleichende Prozesse, die sich über viele Jahre entwickeln und den Weg zum Alkohol ebnen. Dies bezieht sich sehr häufig auf Partnerschaft und Beruf, da hier das Konfliktpotential meistens besonders groß ist.

Alleinstehende Menschen sind allerdings noch gefährdeter, da sie oftmals niemanden haben, der sie zuerst einmal auffangen kann, wenn es Probleme von außen gibt. Sie müssen alleine mit Druck und Stress fertig werden; da wird der Alkohol zum Tröster, Gesprächspartner oder zum beruhigenden Faktor. Personen, die unter Minderwertigkeitskomplexen leiden, können durch unverarbeitete Niederlagen mit dem Alkoholkonsum beginnen. Der vermehrte Griff zur Flasche ist aber immer auch ein Hilferuf. Familiäre Ursachen sind auf die Vorbildfunktion der Eltern zurückzuführen und auch auf die allgemeine Situation im Elternhaus. Auch hier gibt es unterschiedlichste Ansätze. Wenn Kinder den Alkoholkonsum eines Elternteils schon sehr früh mitbekommen, reagieren sie darauf sehr unterschiedlich. Jedenfalls ist es eine Situation, mit der Kinder nur schwer umgehen können. Sie werden zurückgewiesen, erhalten nicht die Aufmerksamkeit, die sie brauchen und müssen unter Umständen auch mehr Aufgaben übernehmen, als diese je ihrem Alter entsprechen könnten.

Erst als Erwachsene erkennen sie das wirkliche Ausmaß, kommen hinter die Alkoholsucht und versuchen zu verstehen, warum es damals so war. Meistens finden sich Probleme finanzieller Natur, depressive Erkrankungen oder starke Belastungen in der Vergangenheit der Eltern, die das Trinkverhalten begründen. Auf das später erwachsene Kind kann sich das sehr differenziert auswirken. Es kann aufgrund der negativen Erfahrungen eine vollkommene Ablehnung gegenüber dem Alkohol entstehen. Eine Lernwirkung im positiven Sinne ist dann gegeben, wenn die Erwachsenen vollends realisiert haben, dass Alkohol keine Lösung für Probleme ist und dass es andere Möglichkeiten gibt. Sie haben in den Eltern dann die abschreckende Version, wie der Alkoholmissbrauch aussehen kann.

Eine andere Ausprägung kann sich dahingehend entwickeln, dass heranwachsende Jugendliche mit diesem Alkoholproblem der Eltern überhaupt nicht zurechtkommen und sich ihrerseits schon früh in den Alkohol oder andere Drogen flüchten. Einen alternativen Weg sehen sie dann einfach nicht. Es ist auch zu beobachten, dass erwachsene Menschen, bei denen es Alkoholprobleme in der Familie gab oder gibt, in einer irgendwann auftauchenden, schwierigen Lebensphase selbst zum Alkohol greifen, da sie ja sozusagen ein Vorbild hatten. Sie haben nicht gelernt, sich einer besonders schweren Situation in der Realität zu stellen. So kann eine Lebenskrise auch ein Weg in den Alkoholismus sein. Was früher noch abgelehnt wurde, weil man als Kind darunter leiden musste, wird dann selbst praktiziert, da es durch die alkoholkranken Eltern versäumt wurde, dem Kind ‚richtige' Lösungswege für Probleme aufzuzeigen.

Andere familiäre Schwierigkeiten, die Kinder miterleben mussten, wie Missbrauch, ständige Streitereien und Gewalt, sind ebenfalls Auslöser für eine Alkoholsucht. Die unverarbeiteten Ereignisse werden verdrängt und ertränkt, anstatt sie mit einer geeigneten therapeutischen Maßnahme zu bewältigen.

Überhaupt bedeutet die Zugehörigkeit zu einer stark Alkohol konsumierenden Familie, ein besonders großes Risiko zu tragen, alkoholabhängig zu werden. Von stationär behandelten Alkoholikern weiß man, dass von ihnen ca. 80 % Verwandte 1. oder 2. Grades haben, die Alkoholprobleme aufweisen. Bei einer Verwandtschaft 1. Grades ist das Risiko sogar um das Siebenfache erhöht. Dass genetische Faktoren einen wesentlichen Einfluss auf die Entstehung einer Alkoholabhängigkeit haben, ist auch durch Studien mit adoptierten Kindern bekannt. Demnach tragen Kinder von alkoholabhängigen biologischen Eltern ein deutlich erhöhtes Risiko, ebenfalls Alkoholiker zu werden. Allerdings kann trotz des Risikos nicht davon ausgegangen werden, dass Kinder von alkoholabhängigen Eltern ebenfalls süchtig werden müssen. Überhaupt bedeutet eine bestimmte genetische Disposition nicht, dass die Alkoholabhängigkeit auch tatsächlich eintreten muss, die Entstehung der Erkrankung wird durch die Gene lediglich begünstigt. Nach heutigen Erkenntnissen geht die Wissenschaft davon aus, dass genetische Faktoren bis zu 60 % ausschlaggebend sind für eine Alkoholkrankheit, bei Frauen jedoch mehr als bei Männern.

Zu den genetischen Faktoren gehört unter anderem das Fehlen bestimmter Enzyme oder Botenstoffe.
Insbesondere der Neurotransmitter Dopamin gilt als ein wesentlicher Botenstoff, der den Alkoholkonsum fördern kann. Dopamin kommt im Körper vor und hebt die Stimmung. Durch den Konsum von Alkohol kommt es zu einer vermehrten Ausschüttung von Dopamin. Fehlt dieser Botenstoff gänzlich, so kann eine Alkoholabhängigkeit begünstigt werden. Fragt man übrigens einen Alkoholiker nach den Ursachen seiner Sucht, dann sieht er die Gründe meistens in Faktoren, die er nicht selbst zu verantworten hat. Das ist nachvollziehbar, denn wer möchte schon selbst Schuld daran haben, dass er krank geworden ist?

Was Sie schon immer über Alkoholsucht wissen wollten

Sorgt Alkohol für einen besseren Schlaf?

Das einzige Positive, was Alkohol zur Schlafqualität beiträgt, ist das eventuelle schnellere Einschlafen. Insgesamt jedoch führt Alkohol zu einer deutlich schlechteren Schlafqualität, die sich durch häufiges Aufwachen und eine dauernde Tagesmüdigkeit bemerkbar machen kann. Obwohl man ausreichend geschlafen hat, fühlt man sich tagsüber müde.

Merkt man sofort, wenn jemand alkoholabhängig ist?

Wenn jemand alkoholsüchtig ist, sieht man es ihm nicht zwangsläufig an. Selbst Therapeuten erkennen nicht immer, wenn ihr Patient abhängig vom Alkohol ist. Viele Betroffene versuchen mit aller Kraft, ihre Erkrankung zu kaschieren und durch Heimlichkeiten zu vertuschen. Bei manchen Alkoholikern fällt die Abhängigkeit fast gar nicht auf.

Verträgt man mehr, wenn man regelmäßig trinkt?

Dies ist ein Trugschluss. Dadurch, dass die Wirkung des Alkohols mit zunehmendem Konsum nachlässt, erweckt dies fälschlicherweise den Eindruck, dass man den Alkohol besser vertragen würde.

Bekommt man die Alkoholsucht auch ohne Hilfe in den Griff?

Eine Alkoholabhängigkeit verschwindet nur in den seltensten Fällen von ganz allein. Je nach Trinktyp und Dauer der Sucht, wird es zunehmend schwieriger, sich ohne professionelle Unterstützung aus dem Dilemma herauszuziehen.

Verhindert eine gute Partnerschaft eine Alkoholabhängigkeit?

Auch die beste Partnerschaft und ein gesundes soziales Netzwerk schützen nicht davor, an einer Alkoholsucht zu erkranken. Zwar verhilft ein verständnisvolles Umfeld zu einem besseren Umgang mit der Erkrankung, aber ein Ersatz für professionelle Hilfe ist diese familiäre Unterstützung keinesfalls.

Sind Personen mit Alkoholsucht immer gewalttätig?

In der Öffentlichkeit wird häufig ein Bild von gewalttätigen alkoholisierten Menschen gezeichnet. Dabei ist nicht jeder Alkoholabhängige zwangsläufig auch gewalttätig. Diese Pauschalierung wird den Alkoholikern absolut nicht gerecht.

Werden nur labile Menschen alkoholabhängig?

Eine sehr verbreitete Meinung über Alkoholsucht ist die, dass nur labile und überempfindliche Menschen daran erkranken würden. Sicher sind labile Persönlichkeiten gefährdeter als andere Menschen. Aber man kann nicht pauschaliert sagen, dass einer Alkoholabhängigkeit zwangsläufig eine labile Persönlichkeit zugrunde liegt. Dafür sind die Auslöser und Anlässe, die zum Ausbruch dieser Krankheit führen, viel zu komplex.

Einmal Alkoholsucht – immer Alkoholsucht?

Eine Alkoholsucht kann häufig so erfolgreich behandelt werden, sodass sie auch langfristig Bestand hat. Somit bleiben viele ehemals starke Trinker nach einer erfolgreichen Therapie dauerhaft trocken. Dennoch ist es richtig, wenn man sagt, dass die Alkoholsucht nach wie vor vorhanden ist.

Ist es möglich, kontrolliert zu trinken?

Nur sehr wenigen Alkoholikern gelingt es, sozusagen ‚kontrolliert' zu trinken, indem sie ständig Maß halten und ihren reduzierten Alkoholkonsum unter Kontrolle halten müssen. Die meisten Betroffenen können wesentlich besser damit leben, wenn sie lebenslang konsequent auf Alkohol verzichten.

Wann sollte man professionelle Hilfe in Anspruch nehmen?

Wenn man feststellt, dass man keine Kontrolle mehr über den Alkoholkonsum hat, sollte man sich um professionelle Unterstützung bemühen. Aber auch, wenn man meint, noch nicht alkoholabhängig zu sein, aber besorgt ist über das Trinkverhalten und Angst hat, dass dieses zukünftig in Alkoholabhängigkeit münden könnte, sollte man therapeutische Hilfe in Anspruch nehmen.

Ist alkoholfreies Bier eine Alternative?

Auch wenn es mit alkoholfreiem Bier fast unmöglich ist, sich zu betrinken, so birgt dieses Getränk für trockene Alkoholiker dennoch gewisse Gefahren. Alkoholfreies Bier ist (bis auf den Alkoholgehalt) dem alkoholhaltigen Bier in vielen Dingen sehr ähnlich. Da dieses Bier den trockenen Alkoholiker nämlich in Geschmack, Farbe, Geruch, Trinkglas und Umfeld an ‚alte Zeiten' erinnert, kann es passieren, dass dieser im wahrsten Sinne des Wortes wieder ‚auf den Geschmack' kommt und über kurz oder lang alkoholhaltiges Bier bevorzugt.

Hat der Alkoholkonsum Auswirkungen auf das Gehirn?

Schon geringe Alkoholmengen reduzieren das Hirnvolumen, und es verringert sich umso mehr, je intensiver der Alkoholkonsum ist.

Ist ein Rückfall immer das Scheitern der Therapie?

Nein, ein Rückfall muss nicht zwangsläufig wieder zurück zur Flasche führen. Wenn der Rückfall hinterfragt wird, und die Konsequenzen daraus gezogen werden, kann ein Rückfall sogar eine Chance bedeuten, ab jetzt stabiler zu werden.

Gibt es Möglichkeiten aus der Naturheilkunde?

Es gibt einige flankierende Maßnahmen wie beispielsweise die Homöopathie, orthomolekulare Medizin, Phytotherapie, Traditionelle Chinesische Medizin (TCM) und Ayurveda, die die Behandlung unterstützen können. Ergänzend werden häufig Entspannungsverfahren eingesetzt.

Welche gesundheitlichen Langzeitfolgen können auftreten?

Durch einen langjährigen chronischen Alkoholkonsum können zahlreiche Organschäden auftreten. Typisch sind Erkrankungen der Leber und der Bauchspeicheldrüse sowie Beeinträchtigungen der Gehirnleistungen. Lesen Sie hierzu das Kapitel ‚Krankheiten, die häufig mit Alkoholabhängigkeit verbunden sind'.

Die Folgen von Alkoholismus

Denkt man an Alkoholabhängigkeit, kommen schnell Gedanken an gesundheitliche Risiken, die bei dieser Krankheit vorliegen. Doch das ist nur ein Teil der ganzen Wahrheit, denn fast ebenso schwer wiegt die Tatsache, dass die Alkoholsucht auch zu zahlreichen sozialen Folgeerscheinungen führt. Je länger die Krankheit andauert, desto wahrscheinlicher ist es, dass im Laufe der Zeit Schritt für Schritt der soziale Abstieg voranschreitet. Demzufolge kann eine Alkoholabhängigkeit das Leben eines Menschen in all seinen Facetten derart beeinträchtigen, dass dieser am Ende in vielerlei Hinsicht ruiniert ist.

Schon so manch zuvor gut situierter Mensch ist aufgrund seiner Alkoholsucht ins soziale Abseits geraten. Denn wenn der Alkoholabhängigkeit nicht entgegengetreten wird, klappt mit der Zeit das ganze Leben wie bei einem Dominoeffekt zusammen: Frau weg, Kinder weg, Job weg, Haus weg, Freunde weg, Auto weg und so weiter und so weiter. Manchmal nimmt so eine Entwicklung ein derartiges Tempo an, dass man sich aus lauter Verzweiflung noch weiter und noch schneller in den Alkoholsumpf hinein trinkt.

Neben den gesundheitlichen Folgen sind es also insbesondere die sozialen Folgen, die zu den gravierenden und nachhaltigen Änderungen im Leben eines Alkoholikers führen. Doch es wäre zu einseitig, hier nur den Betroffenen selbst zu betrachten, denn durch seine Krankheit gerät seine ganze Familie gemeinsam mit ihm in den Abwärtsstrudel. Besonders in der Anfangsphase wird in Familien oder Partnerschaften versucht, das Problem nach außen hin zu vertuschen, gleichzeitig wollen Familienangehörige und gute Freunde dem Leidenden helfen.

Nicht selten kommt es dann zu einer Co-Abhängigkeit, die dem Kranken aber meistens nur wenig nützt. Die Co-Abhängigen wollen helfen, tun auch, was sie können, sie haben aber in erster Linie Mitleid mit dem Abhängigen, was ja auch verständlich ist. Dadurch versperren sie aber oftmals den Weg zur professionellen Hilfe, die dringend nötig wäre. Zudem können sie so eine schwere Aufgabe, wie einen aufreibenden Entzug oder die notwendige psychische Betreuung, gar nicht alleine bewältigen und leisten. Diese Überforderung ist langfristig auch für den Co-Abhängigen nicht zu ertragen und endet in Burnout oder anderen Suchtmechanismen. Erschwerend für die Angehörigen kommt häufig hinzu, dass durch den langjährigen Alkoholmissbrauch eine sogenannte *alkoholtoxische Wesensveränderung* entstehen kann. Dieser Zustand ist wie eine Vergiftung zu sehen, bei der die allgemeine Leistungsfähigkeit deutlich gemindert ist, und sich insbesondere die Gedächtnisleistung, das Konzentrationsvermögen, der Antrieb und auch die Aufmerksamkeit deutlich reduzieren. So kommt es vor, dass ein Ehepartner seinen alkoholkranken Angehörigen eines Tages möglicherweise wie einen fremden Menschen wahrnimmt.

Nein, es ist nicht mehr der Mensch, den man vor einigen Jahren geheiratet hat. Derjenige, der jetzt am Küchentisch sitzt, hat eine ganz andere Persönlichkeit angenommen als vorher. Hinzu kommt häufig auch die Eifersucht auf alles um den Alkoholiker herum. Dies gestaltet sich mitunter wie eine Wahnvorstellung, von der die Alkoholkranken mehr und mehr betroffen sind. Und nicht selten sind sie beispielsweise auf den Nachbarn neidisch, dem es finanziell besser geht oder auf das verliebte Pärchen, das durch die Stadt schlendert, auch auf die eigene

Familie und Freunde werden mitunter derartige Eifersuchtsgedanken projiziert. Diese Eifersucht resultiert daraus, dass Probleme und Belastungen vom Betroffenen nicht gelöst werden können, denn diese werden ja in erster Linie im wahrsten Sinne des Wortes ‚ertränkt'.
Auch das Selbstwertgefühl nimmt ab, man traut sich immer weniger zu und wird zusehends unselbstständiger. Darüber hinaus schwindet der Blick für die Realität mehr und mehr. Es findet eine regelrechte Verschiebung von Realitäten statt. Das Leben kann durchaus bedrohlich scheinen, daher ist dann der Alkohol oftmals die einzige Lösung für den Suchtkranken. Ohne den Alkohol sind negative Gedanken nicht mehr zu ertragen.

Die Lethargie, in die Alkoholsüchtige verfallen, hemmt sie am ‚richtigen Leben' teilzunehmen. Hinzu kommt die Angst vor der Entdeckung. Viele, die sich im Anfangsstadium der Krankheit befinden, bemerken zwar selbst, dass ihr Alkoholkonsum steigt, aber es soll niemand wissen. Deshalb wird das Trinken in den eigenen vier Wänden oder dort, wo einen niemand kennt, mit der Zeit mehr und mehr bevorzugt. Die Isolation wird dann zunehmend größer, und die Teilnahme am gesellschaftlichen Leben geht stark zurück.
Dieser Zustand wird allerdings nicht nur durch das Trinken als solches verursacht, sondern auch die diversen körperlichen Beschwerden wie häufige Kopfschmerzen, Antriebsarmut, Müdigkeit, keine Lust zu Nichts, Übelkeit nach dem Trinken und dergleichen verhindern eine aktive Teilnahme an alltäglichen Dingen, die für gesunde Menschen ganz selbstverständlich sind.

Durch Alkohol werden wichtige Gehirnzellen reduziert. So zerstört der Alkohol das logische Denken, die Selbstkontrolle, die Fähigkeit, zu einem selbstbewussten Leben. Der Gleichgewichtssinn und das Sehfeld werden eingeschränkt. Das Leben erfolgt auf einer ‚benebelten' Basis. Alles um einen herum wirkt weltfremd und bedrohlich. Nur mit dem Alkohol ist man glücklich und zufrieden. Eine schlimme Vorstellung, dass eine Substanz so abhängig machen kann.
Ein unliebsamer Begleiter der Alkoholsucht ist leider auch die erhöh-

te Gewaltbereitschaft und die Aggressionen, die durch die Alkoholsucht entstehen. Wir kennen dies aus Filmen, Reportagen, aus der Zeitung: Die häusliche Gewalt, Männer, die ihre Frauen und Kinder schlagen, aber auch alkoholkranke Mütter, die sich nicht mehr um ihre Kinder kümmern, sie verwahrlosen lassen, und sie auch nur noch mit Gewalt unter Kontrolle halten wollen; sind Bilder aus der knallharten Realität. Dies zeigt, wie sehr der Alkoholkranke nicht nur sich selbst in erheblichem Maße schadet, sondern auch anderen Menschen. So eine erlebte Aggressivität und Gewalt kann gerade bei Kindern zu späteren Traumata führen und sie ein Leben lang begleiten. Depressionen und andere psychische Störungen im Erwachsenenalter sind dann häufig die Folgen. Auch gestörte Sozialbeziehungen können daraus entstehen. Wenn ein junges Mädchen zum Beispiel immer nur ihren betrunkenen, gewalttätigen Vater sehen musste, wird es das im ungünstigen Falle später auf alle Männer beziehen und wird sich schwer tun, eine harmonische Zweisamkeit einzugehen.

Alkoholabhängige Menschen sind auch im Straßenverkehr ein Risiko. Denn ein alkoholisierter Fahrer ist ein Risiko für den Straßenverkehr und sich selbst. Wenn man sich die Krankheit nicht eingesteht, dann sinkt das Verantwortungsbewusstsein automatisch. Doch auch das ist dem Alkoholkranken in dieser Situation weder bewusst, noch interessiert es ihn. Im Gegenteil, denn die Selbstüberschätzung steigt, was zu riskanten Manövern führen kann. Die Gleichgültigkeit ist ebenfalls ein Faktor, der zu beobachten ist. Die Folgen von Unfällen, die unter Alkoholeinfluss des Fahrers entstanden sind, zeigen beachtliche Ausmaße, was Opfer, materielle und immaterielle Schäden belegen.

Nicht zu vergessen sind die Kosten der Alkoholkrankheit. Diese können durch Arbeitsunfähigkeit oder eine Frühverrentung entstehen, aber auch das Gesundheitssystem ist hier stark involviert. Entzugsmaßnahmen, Therapien, Medikamente, all das wird benötigt, um einen Menschen wieder in das Gleichgewicht und von der Sucht weg zu bringen. Unbedarften Menschen, die keine Erfahrungen mit Suchtkrankheiten haben, kommt all das befremdlich und beängstigend vor; der Alkoholkranke aber hält diese Erscheinungen für real und kann nicht mehr zwischen richtig und falsch unterscheiden. Das Leben wird einsam, oder man führt es mit ‚Gleichgesinnten', die ebenfalls alkoholabhängig sind. Auch der Weg zu anderen Drogen kann so geebnet werden, die Lage verschlechtert sich dann zwangsläufig umso mehr. Fast immer verändert sich aufgrund des erhöhten Alkoholkonsums das soziale Umfeld. Freunde, die man jahrelang als solche bezeichnet hatte, lassen sich immer weniger sehen. Sie ziehen sich zurück, weil sie keine Lust mehr auf die Alkoholgelage haben, ihren Kindern möglicherweise nicht ‚so ein Umfeld' zumuten möchten, oder auch, weil es immer mehr zu Konflikten und Streitigkeiten kommt. Aber auch der Alkoholabhängige selbst zieht sich häufig zurück, weil er nicht ständig mit Bemerkungen bezüglich seines erhöhten Alkoholkonsums konfrontiert werden möchte. So trinkt er immer mehr nur noch in seinen eigenen vier Wänden, wo er seine Ruhe hat und ihn niemand beim Trinken stört.

Allerdings wird die Ruhe in den eigenen vier Wänden auch zunehmend größer, denn in vielen Fällen zerbrechen Ehen und Partnerschaften. Wenn auch noch der Arbeitsplatz verloren geht, wird es immer schwieriger, die Spirale auf dem weiteren Weg nach unten noch aufhalten zu können. Irgendwann schließt sich dieser Teufelskreis, indem die Gesundheit und das soziale Gefüge völlig zerrüttet sind, und man von der Gesellschaft völlig isoliert ist. Oder aber es wird zu weiteren Drogen wie Medikamenten gegriffen, da der Alkohol alleine nicht mehr ausreicht.

Krankheiten, die häufig mit Alkoholabhängigkeit verbunden sind

Auch wenn Sie dieses Kapitel wahrscheinlich am liebsten ignorieren möchten, sollten Sie an dieser Stelle nicht Ihre Augen verschließen, indem Sie diese wichtigen Seiten einfach überblättern. Auch die Auseinandersetzung mit möglichen gesundheitlichen Risiken, die aufgrund des übermäßigen Alkoholkonsums bestehen, gehört zu der aktiven Aufarbeitung des Gesamtbildes der Alkoholabhängigkeit. Gerade wenn es um Ihre Gesundheit geht, sollten Sie nicht Ihre Scheuklappen aufsetzen, indem Sie die Dinge ignorieren, die Sie am liebsten gar nicht sehen möchten. Alkohol kann zu sehr vielseitigen Gesundheitsbeeinträchtigungen führen, sodass im Prinzip sämtliche Organe betroffen werden können. Darüber hinaus kommt es auch zu einer Beeinträchtigung der psychischen Gesundheit.

Psychische Krankheiten

Bedingt durch den Alkoholkonsum kann es zu Veränderungen der gesamten Persönlichkeit kommen, aber auch psychische Krankheiten können sich im Laufe der Zeit entwickeln. Diese äußern sich in vielfältiger Art und Weise, am häufigsten sind dies jedoch Angstzustände, Stimmungsschwankungen und Depressionen. Bei Depressionen als Folge der Alkoholsucht wird häufig der Selbsthass und die Unzufriedenheit mit der gesamten Situation als Auslöser betrachtet. Allerdings gibt es auch die umgekehrte Variante, bei der zunächst die Depressionen vorlagen, aus denen heraus sich die Alkoholabhängigkeit entwickelt hat. In diesen Fällen werden die depressiven Phasen nur ertragen, indem große Mengen Alkohol konsumiert werden. Dies hat nichts mit Frusttrinken zu tun, sondern die Betroffenen haben vielmehr das Gefühl, die depressive Phase ohne das Hilfsmittel Alkohol nicht überstehen zu können.

Wer jemals eine Depression hatte, weiß um das starke Gefühl der Verzweiflung, wenn man in so einem Depressionskäfig gefangen ist. Man sieht keinen Ausweg mehr aus dieser Situation und diesem unerträglichen Zustand. Ein Zustand, den nur derjenige beschreiben und nachempfinden kann, der ihn selbst erlebt und überlebt hat. Es ist die Hölle auf Erden und häufig noch viel schlimmer. Keine Worte dieser Welt reichen aus, um diese Depressionsqualen beschreiben zu können. Man weiß zwar, dass man sich mit dem Alkohol nichts Gutes antut und Gefahr läuft, zusätzlich zur Depression eine weitere Erkrankung – nämlich die Alkoholsucht – zu bekommen, aber in einer depressiven Situation wird dies völlig in den Hintergrund gedrängt. Was zählt, ist einzig und allein das Überstehen der jetzigen Depressionsphase. Die gilt es zu überleben, und was die Zukunft bringt, das zählt nicht. Es

interessiert überhaupt nicht, weil man sowieso nicht weiß, wie lange man mit dieser schweren Erkrankung noch leben kann. Man muss bedenken, dass schwer ausgeprägte Depressionen fast immer mit sehr ernsten Suizidgedanken einhergehen. Wenn dann die Sinneswahrnehmungen noch zusätzlich durch den Alkohol vernebelt werden, kommt es zu einem Mix mit einem lebensgefährlichen Gefahrenpotential.
Neben Depressionen treten im Laufe der Alkoholabhängigkeit auch häufig Psychosen auf. Diese äußern sich durch Symptome wie Wahnvorstellungen, Bedrohungsgefühle, Halluzinationen oder paranoide Störungen. In diesem Zusammenhang können auch Verwirrtheitszustände mit Orientierungs- verlusten auftreten, bei denen weder Zeit noch Raum festgelegt werden können. Je länger die Alkoholabhängigkeit andauert, desto mehr erhöht sich das Risiko, dass sich psychische Krankheiten entwickeln.

Gallensteine

Gallensteine sind weit verbreitet, denn immerhin jeder fünfte Deutsche ist Träger dieser lästigen Steine. Sie entstehen bei Alkoholikern allerdings wesentlich häufiger als bei Menschen, die keinen Alkohol trinken. In vielen Fällen bleiben die Gallensteine unbemerkt und verursachen keinerlei Beschwerden. Aber andererseits können sie auch zu schweren Komplikationen führen. So sollte man Gallensteine niemals als harmlos betrachten, auch dann, wenn sie noch keine Beschwerden verursachen.
Die größte Gefahr besteht darin, dass sich die Gallensteine aus der Gallenblase entfernen können und dann unterwegs „hängenbleiben".
Durch das Hängenbleiben der Gallensteine im Gallengang entstehen die gefürchteten und sehr schmerzhaften Gallenkoliken.
Bedingt durch die Gallensteine kann sich die Gallenblase entzünden, was zur operativen Entfernung der Galle führen kann. Aber auch die Bauchspeicheldrüse kann sich infolge der Gallensteine entzünden, was möglicherweise zu irreparablen Schäden führt. Kommt es durch die Gallensteine zu einer Entzündung des Gallengangs, kann schließlich auch die Leber stark geschädigt werden.

Leberschäden

Die bekanntesten gesundheitlichen alkoholbedingten Schäden sind die der Leber. So zählt der Alkohol immer noch als die Nummer eins, wenn es um den Verursacher von Lebererkrankungen geht. Regelmäßiger Alkoholkonsum kann zu verschiedenen Lebererkrankungen führen, was darauf zurückzuführen ist, dass die Leber das größte Entgiftungsorgan ist, um den zugeführten Alkohol abzubauen. Wenn es durch den übermäßigen Alkoholkonsum permanent zu einer Überlastung der Leberkapazität kommt, treten im Laufe der Zeit zwangsläufig verschiedene Erkrankungen der Leber auf.
Zunächst äußert sich eine alkoholbedingte Überlastung der Leber in der Regel als Fettleber, von der immerhin ca. 99 % aller Alkoholiker betroffen sind. Eine Fettleber entsteht dann, wenn die Leberzellen verfetten, sodass der Fettabbau nicht mehr ausreichend erfolgen kann und demzufolge die Leberfunktion eingeschränkt wird. Die hieraus resultierenden Beschwerdebilder sind unterschiedlich und reichen von Müdigkeit über Völlegefühl im Bereich des Oberbauchs bis hin zu starken Bauchschmerzen, die meist dann auftreten, wenn bereits ein fortgeschrittenes Stadium der Erkrankung vorliegt.

Das Fatale an einer Fettleber besteht darin, dass diese von vielen Betroffenen gar nicht oder erst sehr spät bemerkt wird. Und auch, wenn ein leichtes Druckgefühl unterhalb des rechten Rippenbogens auftritt, wird dieses als nichts Bedrohliches wahrgenommen. Das Druckgefühl ist eine Folge der Organvergrößerung, die resultierend aus der Verfettung der Leber entsteht. Durch bestimmte Blutwerte kann eine Fettleber diagnostiziert werden, doch wenn die entsprechenden Parameter nicht untersucht werden, bleibt die Fettleber in vielen Fällen unentdeckt. Wird eine Fettleber ursächlich behandelt, indem im Falle einer alkoholinduzierten Fettleber diszipliniert auf Alkohol verzichtet wird, kann sich die Leber meistens sehr gut regenerieren. Aus diesem Grunde ist es so wichtig, dass eine Fettleber so frühzeitig wie möglich diagnostiziert wird. Eine unbehandelte Fettleber erhöht hingegen das Risiko, an einer Leberzirrhose zu erkranken, bei der es

zu einer nicht umkehrbaren Schrumpfung der Leber kommt. Schätzungen gehen davon aus, dass bis zu 20 % der Alkoholiker eine Leberzirrhose entwickeln. Somit gilt die Leberzirrhose als die Erkrankung, an der Alkoholiker am häufigsten sterben. Von den jährlich etwa 18.000 Menschen, die eine Leberzirrhose nicht überleben, wird die Hälfte der Todesfälle auf einen erhöhten Alkoholkonsum zurückgeführt.
Je mehr die Funktion der Leber durch die Zirrhose eingeschränkt wird, desto mehr kommt es zu körperlichen Symptomen. Neben Verdauungsproblemen wie starken Blähungen und einem ständigen Völlegefühl entwickelt sich häufig an der Speiseröhre eine Ausweitung der Blutgefäße, deren besonderes Risiko darin besteht, dass gefährliche Blutungen auftreten können.

Da es bei einer Zirrhose zu einem nicht umkehrbaren Absterben von Leberzellen kommt, gilt sie als das Endstadium einer Lebererkrankung. Die Krankheit verläuft chronisch und zieht sich meist über mehrere Jahre hin, und zwar auch dann, wenn schon längst kein Alkohol mehr getrunken wird. Das durch die Zirrhose zerstörte Gewebe der Leber wird durch Bindegewebe ersetzt, das allerdings die ursprünglichen Funktionen der Leberzellen nicht übernehmen kann.
Eine weitere, sehr verbreitete Lebererkrankung aufgrund eines hohen Alkoholkonsums ist eine alkoholindizierte Leberentzündung; die auch als *Alkoholhepatitis* bezeichnet wird, und von der bis zu 35 % der Alkoholiker betroffen sind. Durch die Entzündung entstehen Veränderungen des Lebergewebes, infolgedessen die Leber in ihrer Funktion stark beeinträchtigt wird. Neben verschiedenen Verdauungsstörungen kommt es hierbei auch häufig zu einer Gelbsucht.
Eine Hepatitis kann unterschiedliche Ausmaße annehmen und mitunter auch lebensbedrohlich werden. So kann sie nach jahrelangem Alkoholkonsum zu irreparablen Zerstörungen des Lebergewebes führen, woraus sich eine Leberzirrhose entwickeln kann. Durch einen zu intensiven Alkoholverzehr besteht zudem die Gefahr, dass sich ein Leberkarzinom entwickelt.

Leberkrebs ohne den Einfluss von Alkohol gilt immer noch als eine vergleichsweise seltene Erscheinung. Da die Leber ein so extrem wichtiges Schlüsselorgan bei starkem Alkoholkonsum ist, sollten Sie auch das Kapitel ‚Die Leber – Ihre Alkoholentgiftungsfabrik' lesen.

Erkrankung der Bauchspeicheldrüse

Starker Alkoholkonsum kann auf Dauer zu schweren Schäden der Bauchspeicheldrüse führen. Da die Bauchspeicheldrüse vielfältige Aufgaben erfüllt, wie unter anderem die Produktion von Insulin und Enzymen, kann es zu verschiedenen Stoffwechselstörungen wie Diabetes oder einer unzureichenden Verdauung von Proteinen, Kohlenhydraten und Fetten kommen. Eine sehr häufig anzutreffende Erkrankung der Bauchspeicheldrüse ist eine Entzündung, die auch als *Pankreatitis* bezeichnet wird. Ähnlich wie bei Lebererkrankungen, wird auch eine Bauchspeicheldrüsenentzündung häufig mit einer Alkoholabhängigkeit in Verbindung gebracht, denn bei etwa einem Viertel der Pankreatitis-Patienten steht die Erkrankung in Verbindung mit einem hohen Alkoholkonsum.

Die Pankreatitis kann nicht nur zu verschiedenen Verdauungsstörungen wie Durchfall und breiartigen Stühlen führen, sondern auch zu starken Schmerzen im Bereich des Oberbauchs. Eine Entzündung der Bauchspeicheldrüse kann lebensgefährlich sein und muss unbedingt behandelt werden.

Diabetes-Komplikationen

Wer trotz Diabetes weiterhin intensiv Alkohol trinkt, läuft Gefahr, dass gefährliche Komplikationen auftreten. Da durch den Alkohol die Freisetzung von Glukose aus der Leber beeinträchtigt wird, besteht ein erhöhtes Risiko, dass ein zu niedriger Blutzuckerspiegel entsteht. Besonders wenn der Diabetes mit Insulin behandelt wird, kann die Hypoglykämie gefährlich werden.

Krebs

Dass Alkohol bestimmte Krebsarten begünstigt, wird heutzutage nicht mehr bezweifelt. Besonders häufig betroffen sind der Mund, die Speiseröhre und der Kehlkopf mit entsprechenden Krebsarten wie Zungenkrebs, Speiseröhrenkrebs, Rachenkrebs und Kehlkopfkrebs. Aber auch der Darm, die Leber und die Brust der Frau sind; bedingt durch einen intensiven Alkoholkonsum; besonders stark krebsgefährdet. Von Speiseröhrenkrebs weiß man mittlerweile, dass der tägliche Konsum von einem Liter Wein das Erkrankungsrisiko im Vergleich zu Personen, die weder rauchen, noch trinken, um das 18-fache erhöht. Das erhöhte Krebsrisiko wird teilweise auf die Schwächung des zellulären Immunsystems zurückgeführt, die durch den Alkohol entsteht.

Hormonstörungen

Durch intensiven Alkoholkonsum wird das Hormonsystem auf vielfältige Weise beeinträchtigt, sodass oftmals eine Störung des Hormonhaushaltes eintritt. Während bei Frauen aufgrund des Östrogenmangels Menstruationsstörungen entstehen, beklagen Männer häufig Impotenz und Libido-Verlust. Letzteres wird darauf zurückgeführt, dass der Alkohol eine Schrumpfung des Hodengewebes bewirken kann, sodass zu wenig Testosteron produziert wird. Infolgedessen kann sich auch eine Brustdrüsenanschwellung entwickeln, die sich als Brustansätze zeigen. Überhaupt kommt es durch das Absinken des Testosteronspiegels bei Männern zu einer Verweiblichung des Körpers.

Hautveränderungen

Durch Hautveränderungen wird die Alkoholabhängigkeit optisch erkennbar. Insbesondere sind dies geplatzte Äderchen, die sich von der Mitte des roten Flecks aus wie ein Spinnennetz auseinander laufen und aus diesem Grund auch *Spider naevi* genannt werden.
Wenn es zu einer Überforderung der Leber kommt, hat diese häufig

eine Gelbfärbung der Haut und Augen zur Folge.
Desweiteren kann eine Rötung der Handinnenflächen und Fußsohlen ein deutlicher Hinweis auf einen hohen Alkoholkonsum sein.

Störungen des Verdauungstraktes

Alkohol kann zu vielseitigen Verdauungsproblemen führen. Häufig resultiert ein regelmäßiger Alkoholkonsum in Entzündungen der Magenschleimhaut, die auch als Gastritis bezeichnet werden.
Die Aufnahme von wichtigen Nährstoffen im Darm wird durch den Alkohol häufig gestört. Besonders die Assimilation von B-Vitaminen ist in vielen Fällen beeinträchtigt. Erschwerend kommt hinzu, dass es oftmals zu Durchfällen kommt, und dem Körper somit weitere wichtige Nährstoffe entzogen werden.

Herz-Kreislaufprobleme

Starker Alkoholkonsum kann nicht nur zu Bluthochdruck führen, sondern auch das Risiko, einen Schlaganfall oder eine Herzattacke zu erleiden, wird deutlich erhöht. Wenn es zu einer Schädigung des Herzmuskels kommt, macht sich diese durch Symptome wie Herzklopfen, Atemnot, Ziehen im linken Arm und Schwellungen bemerkbar.

Magen

Durch intensiven Alkoholkonsum kommt es meistens zu einer chronischen Magenschleimhautentzündung (Gastritis), die sich durch Magenschmerzen und Übelkeit bemerkbar machen kann. Aber auch andere Schädigungen der Magenschleimhaut können auftreten, die Erbrechen von Blut und Magenblutungen mit sich bringen. Als besonders gefährdet gelten Personen, die viel hochprozentigen Alkohol zu sich nehmen. Darüber hinaus besteht ein erhöhtes Risiko für die Entstehung von Magengeschwüren, was auf die Wechselwirkung von Alkohol und Stress zurückgeführt wird.

Neurologische Folgen

Da Alkohol ein gefährliches Nervengift ist und direkt das Nervenmark schädigen kann, wirkt sich übermäßiger Alkoholkonsum auch auf das gesamte Nervensystem aus. Die in diesem Zusammenhang auftretende *Nervenentzündung bzw. Polyneuropathie* ist eine der häufigsten Folgeerkrankungen, die durch die Alkoholsucht entsteht. Man geht davon aus, dass jeder 5. Alkoholiker im Laufe seiner Krankheit Nervenschäden erleidet. Erschwerend kommt bei Alkoholikern hinzu, dass oftmals ein Vitamin-B- Mangel vorliegt, der zu einer Schädigung der Nervenscheide führen kann, und dem in vielen Fällen nicht mit der Verabreichung von Vitamin-B-Präparaten entgegengewirkt wird.

Die hierdurch bedingten Symptome beginnen häufig durch Wadenkrämpfe, Kribbeln und Schmerzen in den Beinen, Missempfindungen in den Unterschenkeln und Füßen sowie durch Gangunsicherheiten. Im Laufe der Zeit kommt es zu einem vermehrten Absterben der Nervenzellen, infolgedessen die Weiterleitung von Nervensignalen nicht mehr erfolgen kann. Je weiter die Nervenschäden fortschreiten, desto umfassender werden die Symptome. Letztendlich können die Schäden nicht nur zu einem unkoordinierten Denken führen, sondern auch zu starken Einschränkungen der Mobilität, indem sich Unsicherheiten beim Gehen verschärfen und Lähmungserscheinungen in den Beinen auftreten. Auch Demenz und eine Störung der Erektion können durch überhöhten Alkoholkonsum entstehen. Durch die Verabreichung von Vitamin B-Komplexen und insbesondere dem Vitamin B1 können sich einige Schäden, die durch die Polyneuropathie entstanden sind, zurückbilden.

Gehirn

Durch regelmäßig überhöhten Alkoholkonsum wird insbesondere das Gehirn stark in Mitleidenschaft gezogen. Auch wenn es kein Alkoholiker gerne hört: Durch jedes Rauschtrinken kommt es zum Absterben von Millionen von Gehirnzellen. Und je länger der Alkoholkonsum andauert, desto mehr verkleinert sich das Gehirn im Laufe der Zeit. Die Folge ist eine Schrumpfung des Gehirns, die als *Atropie* bezeichnet wird. Anhand von Aufnahmen aus Kernspintomographen konnte längst nachgewiesen werden, dass es durch den Alkoholkonsum zu veränderten Gehirnstrukturen kommt. Da das Gehirn über etwa 100 Milliarden Zellen verfügt, können zunächst noch viele Reservezellen die Aufgaben übernehmen, die ursprünglich die abgestorbenen Zellen innehatten.

Allerdings müssen diese Zellen ihre neuen Aufgaben zunächst ‚erlernen', sodass zwischenzeitliche Probleme auftreten können. Durch regelmäßiges Weitertrinken kommt es schließlich zu einem weiteren Absterben der Hirnzellen, sodass sich der Vorrat an entsprechenden Reservezellen im Laufe der Zeit reduziert. Bedingt durch die Reservezellen kommt es zu zeitverzögerten Auffälligkeiten, sodass die alkoholinduzierten Gehirnschädigungen meist erst vergleichsweise spät auffallen. Während sich andere Organe aufgrund der Alkoholbelastungen schon längst bemerkbar gemacht haben, funktioniert das Gehirn meist immer noch relativ unbeschadet. Dies macht die Situation geradezu gefährlich, denn während die anderen geschädigten Organe wie beispielsweise die Leber oder die Bauchspeicheldrüse wesentlich frühzeitiger behandelt werden, geschieht dies bei Hirnschädigungen nicht.

Somit warnen einige Fachleute davor, nicht immer vorrangig die ‚klassischen Organschäden' zu berücksichtigen, sondern mögliche Gehirnschäden wesentlich mehr in den Fokus zu rücken. Denn wenn rechtzeitig auf Alkoholkonsum verzichtet wird, kann sich das Gehirn in vielen Bereichen regenerieren. Wenn es zu Schädigungen des Gehirns kommt, äußert sich dies in der Anfangsphase meistens durch Gedächtnislücken. Dies wird darauf zurückgeführt, dass durch den Alkohol besonders das Kurzzeitgedächtnis geschädigt wird. Da die Gedächtnislücken meistens schon relativ am Anfang der Alkoholabhängigkeit auftreten, bieten sie eigentlich eine gute Chance, die Alkoholsucht frühzeitig aufzudecken. Allerdings werden sie häufig von der Familie und Freunden nicht als ernst zu nehmendes Anzeichen gesehen. Mit zunehmendem Verfall der Gehirnzellen nehmen die

Auffälligkeiten zu. Neben den Gedächtnislücken treten dann Konzentrationsstörungen auf, die Kritikfähigkeit und Intelligenz lassen nach, bis letztendlich das Stadium eines weitreichenden geistigen Abbaus erreicht wird.

Infektanfälligkeit

Viele Alkoholiker beklagen ihre erhöhte Infektanfälligkeit, weil sie sich quasi jeden Erreger auffangen, der gerade des Weges läuft. Die Alkoholabhängigkeit führt aus mehreren Gründen zu einer Beeinträchtigung des Abwehrsystems. Einerseits kommt es durch den Alkohol zu einer Schwächung des Immunsystems, andererseits sorgt auch eine unzureichende Versorgung mit wichtigen Nährstoffen für eine freie Angriffsfläche für Viren und Bakterien.

Geburtsschäden

Wer während der Schwangerschaft Alkohol trinkt, trägt ein hohes Risiko, dass dem ungeborenen Baby schwere Schäden zugefügt werden. Die hierdurch entstehenden Missbildungen zeigen sich beispielsweise durch Herzfehler, einen kleinen Kopf, verschiedene Anomalien und eine Verkürzung der Augenlider. Während der Wachstumsphasen kommt es bei vielen Kindern von alkoholabhängigen Müttern zu Entwicklungsstörungen.

Augenprobleme

Durch regelmäßigen überhöhten Alkoholkonsum kann eine Schwächung und sogar Lähmung der Augenmuskulatur entstehen.

Reduzierung der Knochendichte

Durch überhöhten Alkoholkonsum kann es zu bedenklichem Knochenverlust kommen, der im Laufe der Zeit in Osteoporose resultiert und das Risiko von Knochenbrüchen deutlich erhöht.

Schmerzen

Bei vielen Alkoholikern wird die Krankheit durch Schmerzen begleitet. Meistens sind dies Schmerzen, die aufgrund von alkoholbedingten Folgeerkrankungen auftreten. Hinzu kommt jedoch, dass Alkoholiker ein deutlich erhöhtes Schmerzempfinden aufweisen.
Als besonders unerträglich gelten die Schmerzen, die bedingt durch eine Bauchspeicheldrüsenentzündung auftreten. Aber auch alkoholinduzierte Nervenschäden und Polyneuropathien äußern sich häufig in Form von starken Schmerzen.
Die Einnahme von Schmerzmitteln in Kombination mit Alkohol ist eine unheilvolle Allianz, zumal bestimmte Schmerzmittel ein eigenes Suchtpotential mit sich bringen. Hinzu kommt, dass sich manche Schmerzen durch Schmerzmittel kaum reduzieren lassen, sodass dann wiederum der Alkohol herhalten muss, um die Schmerzen erträglicher zu machen.

Die Leber - Ihre „Alkoholentgiftungsfabrik“

Die Leber hat durchschnittlich ein Gewicht von 1,5 Kilo und ist die größte Drüse des Menschen. Jeden Tag werden mehr als 600 Liter Blut von ihr filtriert. Bisher sind 600 Funktionen bekannt, die jede einzelne Leberzelle zu erfüllen hat. Man geht davon aus, dass die Anzahl der Funktionen sogar noch wesentlich höher ist. Die Leber erhält durch das Pfortadersystem der Verdauungsorgane die aufgenommenen Nährstoffe, aber auch Schadstoffe und Erreger. Hierzu gehören auch die Konservierungs- und Spritzmittel, die Medikamente und chemischen Lebensmittelzusätze wie Konservierungsstoffe, Aromen, Farbstoffe, Trägerstoffe und so vieles mehr. Auch die eigenen, vom Körper produzierten Giftstoffe, muss die Leber verarbeiten und neutralisieren. Je mehr die Verdauungskraft des Körpers beeinträchtigt ist, desto mehr ist somit auch die Leber belastet. Verläuft die Verdauung nicht reibungslos, bilden sich im Darm durch Gärungsprozesse und Fuselalkohole zusätzliche Giftstoffe, die die Leber ebenfalls entsorgen muss.

Wenn die Leber Auffälligkeiten aufweist, ist dies häufig Anlass der behandelnden Ärzte, den Patienten auf eine mögliche Alkoholabhängigkeit hin zu untersuchen bzw. die Lebererkrankung zu hinterfragen. Zwar gilt Alkohol nach wie vor als einer der Hauptverursacher für diverse Lebererkrankungen, dennoch darf nicht außer Acht gelassen werden, dass auch andere Voraussetzungen, die nicht mit Alkohol in Verbindung stehen, zu einer Schädigung der Leber führen können. Insbesondere gilt dies für Medikamente und Schadstoffe wie beispielsweise Blei und Quecksilber.

Wenn man bedenkt, dass ca. 90 % des Alkohols von der Leber abgebaut wird, erahnt man bereits, wie wichtig eine einwandfreie Funktion dieses Entgiftungsorgans ist. Trotzdem wird die Bedeutung der Leber häufig dramatisch unterschätzt, sodass ihr erst die ihr zustehende Aufmerksamkeit geschenkt wird, wenn sie sich mit massiven Beschwerden bemerkbar macht. Die Leber ist jedoch ein äußerst geduldiges Organ, das sich viel gefallen lässt, bevor es sich beschwert. So meldet sich die Leber erst dann durch auffallende Körperreaktionen, wenn ihre Funktionseinschränkung bereits bedenklich fortgeschritten ist.

Dies wird darauf zurückgeführt, dass die Leber vieles kompensieren kann und in der Lage ist, sich bis zu einem bestimmten Punkt immer wieder selbst zu regenerieren. Erst wenn zwei Drittel ihres Gewebes zerstört ist, versagt sie ihren Dienst schließlich komplett.

Dabei ist die Leber nicht nur unser zentralstes Stoffwechselorgan und der Hauptsitz unserer Lebensenergie und Schaffenskraft, sondern sie ist neben den Nieren das wichtigste Entgiftungsorgan unseres Körpers. Sie ist dafür zuständig, den Organismus vor schädlichen Substanzen zu schützen, und das ist bei einer Substanz wie Alkohol nun mal eminent wichtig. Mit ihrer blutreinigenden Tätigkeit ist die Leber ein Schlüsselorgan des Körpers und in ihrer Funktion noch lebenswichtiger als ihre Schwesterentgiftungsorgane, die Nieren. So ist sie den Nieren auch überlegen bei dem Abbau von Säuren. Die Leber baut pro Stunde so viele Säuren ab, wie die Nieren am ganzen Tag. Und der Abbau des Alkohols findet fast ausschließlich in der Leber statt.

Je länger der Alkoholkonsum andauert, und je größer die Alkoholmengen sind, desto mehr ist mit Leberschäden zu rechnen. Man weiß, dass bereits eine tägliche Menge von 60 g Alkohol zu bedenklichen Beeinträchtigungen der Leber führen kann. Diese Alkoholmenge ist beispielsweise erreicht, wenn ein Mann täglich 3⁄4 l Wein oder 5 große Gläser Schnaps konsumiert. Bei Frauen kommt es bereits bei einem geringeren Alkoholkonsum zu Leberschäden.
Wenn die Leber nicht mehr ihre kompletten Funktionsfähigkeiten ausüben kann, macht sich dies nicht durch körperliche Schmerzen bemerkbar, weil Lebergewebe selbst nicht weh tut. Es sind in Extremfällen die Leberkapseln, die Schmerzen verursachen. Meistens sind es aber Schmerzen, die aufgrund einer vergrößerten Leber entstehen, weil diese auf umliegende Organe drückt. Andere Schmerzen entstehen durch die Gallenblase, die besonders nach dem Verzehr bestimmter – meist fetthaltiger Mahlzeiten – zieht, piekst oder richtig schmerzt.

Eine geschädigte Leber macht sich also weniger durch Schmerzen, als vielmehr durch Müdigkeit, Erschöpfung, Magendrücken, Unverträglichkeit von verschiedenen Nahrungsmitteln, Leistungsabfall, Traurigkeit bis hin zu Depressionen bemerkbar. Man sagt nicht ohne Grund: Der Schmerz der Leber ist die Müdigkeit. Um die Leber nachhaltig zu schädigen, bedarf es entgegen der allgemeinen Meinung nicht ausschließlich Alkohol in großen Mengen. Auch viele andere Substanzen und Lebensumstände, die in unserer modernen Gesellschaft als völlig normal gesehen werden, belasten die Leber in bisher unbekanntem Maße.
So führt unsere Ernährungsweise mit viel Zucker, Schokolade, fettigen und frittierten Lebensmitteln, Nikotin, Umweltschadstoffen, chemischen Pflanzenschutzmitteln, synthetischen Lebensmittelzusatzstoffen und vielen weiteren Dingen oft schon in jungen Jahren zu einer Überlastung der Leber. Wenn zu all diesen Belastungen auch noch Alkohol in rauen Mengen hinzukommt, kann man erahnen, über welch gigantische Entgiftungskapazitäten unsere Leber verfügen muss, um unseren Organismus vor schadstoffbedingten Schäden zu schützen.
Und schließlich sind es zusätzlich auch noch emotionale Belastungen,

die der Leber darüber hinaus schwer zusetzen und zu einer weiteren Leistungseinschränkung führen. Denn wie kaum ein anderes Organ reagiert die Leber auf Stress, Angst, Groll, Wut, Ärger und psychische Belastungen. So kommen viele althergebrachte Lebensweisheiten nicht von ungefähr, wenn man sagt: ‚Ihm ist die Galle übergelaufen', ‚Ihm ist eine Laus über die Leber gelaufen', ‚Er hat einen galligen Gesichtsausdruck' oder ‚Er spuckt Gift und Galle'.
Wenn sich die Leberbelastung schließlich bemerkbar macht, ist es meist schon allerhöchste Zeit, tatsächlich einzugreifen und die Leber in ihren Aktivitäten zu unterstützen. Das Problem ist, dass mit herkömmlichen Diagnoseverfahren eine Leberbelastung leider erst sehr spät festgestellt werden kann. Langfristig ist dies an dem sogenannten Gamm-GT-Wert zu erkennen, ein Marker, der auf Zellschädigung und Zelluntergang hinweisen kann. Da zu Beginn einer Leberbeeinträchtigung aber noch keine Zellschädigungen zu verzeichnen sind, sondern vielmehr ‚nur' Grieß, Steine und Schleim die Leber-Gallen-Gänge überladen, greift dieses Diagnoseverfahren nicht für beginnende Leberschädigungen. Auch durch herkömmliche Blutwerte lässt sich eine bereits verschleimte und durch Abfall überladene und somit beeinträchtige Leber nicht frühzeitig feststellen.

Als derzeit einziger bekannter Hinweis, resultierend aus einer Blutuntersuchung, auf eine zwar nicht kranke, aber bereits geschwächte Leber, gilt ein erhöhter Cholesterinwert oder Triglyzeridespiegel. Dies wird darauf zurückgeführt, dass eine träge Leber weniger Gallensaft produziert. Hierfür wird Cholesterin benötigt, denn Cholesterin ist die Basissubstanz für die Bildung von Gallensaft. Wird jedoch weniger Cholesterin für die Gallensaftproduktion gebraucht, können sich die Cholesterinwerte im Blut erhöhen.
Während mit der Einnahme von cholesterinsenkenden Medikamenten zwar die Werte reduziert werden können, führen diese aber gleichzeitig zu einer zusätzlichen Leberbelastung.
Hingegen ist es mit leberentlastenden Präparaten möglich, nicht nur die Leber zu unterstützen, sondern gleichzeitig auch den Cholesterinwert wieder auf ein altersgemäßes Niveau zu senken. Dies sind Erfah-

rungen aus der Naturheilkunde, die von zahlreichen Heilpraktikern umgesetzt werden.
In der Traditionellen Chinesischen Medizin (TCM) diagnostiziert man seit vielen tausend Jahren anhand der Zunge. So weisen nach der TCM seitliche Zahnabdrücke auf der Zunge auf eine Leberbelastung hin. Weitere stille Hinweise auf eine Leberbelastung können auch unverträgliche Nahrungsmittel sein, viel Luft im Bauchraum, häufige Übelkeit, Aufstoßen und Schmerzen in den Schulterblättern. Ein weiterer Hinweis auf eine Leberstörung können auch Gallensteine sein. Eine geschwächte Leber produziert nicht nur weniger Gallensaft, sondern die Zusammensetzung dieses Saftes ist auch anders und kristallisiert schneller, was wiederum die Bildung von Gallensteinen fördern kann. Somit ist es sinnvoll, bei Gallensteinen auch die Funktionsfähigkeit der Leber zu überprüfen.

Um die Leber bei ihrer Regeneration so weit wie möglich zu unterstützen, gibt es neben dem rigorosen Verzicht auf Alkohol einige Maßnahmen, die zu einer verbesserten Funktion beitragen können. Als das bewährteste Präparat gilt die Mariendistel, die sogar bei Pilzvergiftungen erfolgreich eingesetzt wird. Darüber hinaus kann auch der regelmäßige Verzehr von Bitterstoffen, Löwenzahn und Artischocke gute Dienste leisten. Weniger bekannt, aber auch sehr effektiv, ist die homöopathische TMS-Lösung nach dem Heilpraktiker Müller-Burzler, die in der Potenz D33 angeboten wird. Als begleitende physikalische Unterstützung sind regelmäßige Leberwickel zu empfehlen, die insbesondere nach einer schweren Mahlzeit aufgelegt werden sollten. Auch wenn sich die Leber bei rechtzeitigem Eingreifen in vielen Fällen regenerieren kann, darf nicht vergessen werden, dass das ursächliche Problem der Lebererkrankung, nämlich die Alkoholabhängigkeit, hierdurch nicht beseitigt ist. Die Regeneration der Leber ist die eine Sache, aber die zugrundeliegende Erkrankung, nämlich die Abhängigkeit vom Alkohol, eine andere. Und die bedarf grundsätzlich einer eigenständigen Behandlung.

Diagnostik – wie wird eine Alkoholabhängigkeit festgestellt?

Eine Feststellung, ob jemand ein ernsthaftes Problem mit seinem Alkoholkonsum hat, ist immer ein sehr brisantes Thema. In den seltensten Fällen sucht ein Alkoholiker seinen Arzt auf und teilt diesem seine Alkoholabhängigkeit mit. Bis es soweit ist, dass der Arzt die Erkrankung diagnostizieren kann, ist meistens schon ein langjähriges Katz- und Mausspiel vorausgegangen.

Anders ist die Situation, wenn die Alkoholsucht bei dem Arztbesuch so offensichtlich ist, dass man sie weder übersehen, noch überriechen kann. Denn wenn während des Arztbesuches eine Alkoholfahne vorhanden ist, wird dies jeder Arzt als einen deutlichen Hinweis auf ein Alkoholproblem deuten. Wenn dann noch so offenkundige Zeichen vorhanden sind wie beispielsweise ein unsicherer Gang, eine rote Knollennase, übermäßiges Schwitzen und zitternde Hände, dann steht der Diagnose der Alkoholabhängigkeit meistens nicht mehr viel im Weg.

Doch in vielen Fällen sind die Hinweise weniger augenfällig, sodass dem Arzt die Diagnosestellung meistens deutlich schwerer fällt. Kommt es – aus welchen Gründen auch immer – zu einem Arztbesuch, während dem der Arzt aufgrund bestimmter Verdachtsmomente eine mögliche Alkoholsucht thematisiert, dann wird ein Alkoholiker sein Problem zunächst vielleicht weit von sich weisen. Dies erschwert die Diagnosestellung natürlich erheblich, sodass die Erkrankung zwangsläufig in vielen Fällen erst in einem fortgeschrittenen Stadium diagnostiziert wird.

Ein aufmerksamer Arzt, der über eine umfangreiche Erfahrung mit Alkoholikern verfügt, ist allerdings in der Lage, bei bestimmten geschilderten Symptomen nicht nur hellhörig zu werden, sondern diese auch richtig einzuordnen. Denn meist ist es nicht ein einziges Symptom, sondern eine Kombination aus mehreren Faktoren, was den Verdacht auf eine Alkoholabhängigkeit aufkommen lässt. Wenn der Patient beispielsweise über Beschwerden wie Gedächtnislücken, Schlafstörungen, Schweißausbrüche, feuchte Hände, häufige Durchfälle und Depressionen berichtet, dann sollte der Arzt die noch folgenden Untersuchungen hinsichtlich einer möglichen Alkoholabhängigkeit weiterführen. Aber nicht immer sind diese Symptome sichtbar bzw. messbar, denn verschiedene Folgen des Alkoholkonsums können sich zurückbilden, sobald eine Trinkpause eingehalten wird.

Für den Arzt entsteht in dieser Situation ein ziemliches Dilemma. Einerseits hat er möglicherweise den Verdacht, dass bei seinem Patienten ein Alkoholproblem vorliegt, aber andererseits kann er die Alkoholabhängigkeit ohne die Unterstützung des Patienten nicht sicher feststellen. Für den Arzt ist es also wichtig, dass er Vertrauen zu seinem Patienten aufbaut. Denn nur so wird es ihm gelingen, dass er weiterführende Angaben hinsichtlich der seelischen Verfassung und nicht sichtbare körperliche Schäden von seinem Patienten erhält.

Oftmals ist es dem Arzt nur möglich, eine zuverlässige Diagnose der Alkoholabhängigkeit zu stellen, wenn ihm umfangreiche Informationen über etwaige Zusammenhänge vorliegen, sodass er aus den einzelnen Puzzleteilchen ein komplettes Bild gestalten kann. Liegen dem Arzt schließlich gewisse Informationen vor, und ist der Patient auch bereit, aktiv mitzuarbeiten und über sein Alkoholproblem zu sprechen; dann besteht die Möglichkeit, tiefer in das Diagnostikverfahren einzusteigen. Hier könnte sich der Arzt dann der Internationalen statistischen Klassifikation der Krankheiten, kurz ICD genannt, bedienen. Dieses System gilt als weltweit anerkanntes und wichtiges Diagnoseklassifikations- und Verschlüsselungsverfahren der Medizin.

Beim Alkoholismus kommt hier die ICD-10 zum Tragen, die sechs Kriterien auflistet, anhand derer die Alkoholkrankheit diagnostiziert werden kann, wenn mindestens drei der Aussagen auf den Menschen, der Alkohol konsumiert, zutreffen.

Im Einzelnen sind dies:

1. Das ständige Verlangen, unbedingt Alkohol konsumieren zu müssen. Versuche, dieses permanente Trinkverlangen zu reduzieren, bleiben erfolglos.

2. Bezüglich der Menge, des Anfangs und des Endes des Alkoholkonsums liegt eine reduzierte Kontrollfähigkeit vor. Hieraus resultiert,

dass man mehr Alkohol trinkt, als man beabsichtigt.

3. Durch die Reduzierung oder das Beenden des Alkoholkonsums treten körperliche Entzugserscheinungen wie z. B. Schlaflosigkeit, Schwitzen, Depressionen, Zittern, Angstzustände und Übelkeit auf. Um diese Symptome zu vermeiden, wird der Alkoholkonsum noch weiter gesteigert.

4. Der Alkohol gerät zunehmend in den Mittelpunkt des Interesses, sodass mehr Zeit für die Beschaffung, den Konsum und das Erholen der körperlichen Auswirkungen aufgewendet wird. Als Folge hieraus treten andere Interessen und Aktivitäten in den Hintergrund oder verschwinden sogar ganz. Dies betrifft berufliche und soziale Aktivitäten ebenso wie Freizeitaktivitäten.

5. Ebenfalls zu den Kriterien gehört der sogenannte Nachweis einer Toleranz. Dies bedeutet, dass immer mehr Alkohol konsumiert werden muss, um überhaupt noch eine Wirkung zu erreichen.

6. Obwohl bereits körperliche und psychische Folgeschäden des Alkoholkonsums sichtbar werden, hält der Alkoholkonsum weiterhin an.

Darüber hinaus gibt es eine große Anzahl weiterführender Verfahren, die das Ausmaß der Erkrankung genauer eingrenzen können. Die Tests basieren in der Regel auf Fragen, die meistens mit ja oder nein beantwortet werden müssen. Sie können aber auch so gestellt sein, dass es mehrere Auswahloptionen an vorgegebenen Antworten gibt. Ein Beispiel könnte hier die Frage sein: ‚Wie oft in der Woche trinken Sie Alkohol?'

Als Antwortoptionen stehen zur Verfügung:

‚Dreimal in der Woche', ‚Mehr als dreimal in der Woche', ‚Täglich' oder ‚Ein- bis zweimal im Monat'.

Die Auswertung erfolgt dann entweder über die Anzahl der gegebenen Ja/Nein-Antworten oder über ein Punktesystem.

Als wichtige Fragen gelten insbesondere diejenigen, bei denen Aspekte der Gamma- und Delta-Trinktypen erfasst werden wie etwa:

‚Trinken Sie heimlich?'

‚Haben Sie zwischendurch Gedächtnislücken?'

‚Gibt es Entzugserscheinungen, wenn Sie keinen oder zu wenig Alkohol trinken?'
‚Können Sie mit dem Trinken jederzeit aufhören, oder gerät Ihr Alkoholkonsum außer Kontrolle?'

Zusätzlich zu diagnostischen Fragebögen hat der Arzt die Möglichkeit, das Ausmaß der Erkrankung anhand verschiedener Untersuchungen festzustellen. Besteht nämlich der dringende Verdacht auf eine Alkoholabhängigkeit, dann lässt sich diese Erkrankung meistens auch anhand bestimmter auffälliger Blutwerte untermauern. Manchmal wird eine Alkoholsucht auch durch Routineuntersuchungen aufgedeckt, wenn beispielsweise bedenkliche Veränderungen der Leber oder Bauchspeicheldrüse festgestellt werden. Während eine Fettleber durch gezieltes Abtasten festgestellt werden kann, können auch einige Laborwerte deutliche Hinweise geben. Durch den Alkohol steigen bestimmte Leberwerte an und sind sehr häufig ein untrügliches Zeichen auf einen extremen Alkoholkonsum. Wenn der Alkoholkonsum sehr weit fortgeschritten ist und bereits vom Körper Lebergewebe ab- oder umgebaut wird, fallen andere medizinische Werte, wie Quick, Protein C und Protein S, niedriger aus.

Aber öfter als bei einer Routineuntersuchung kommt es vor, dass Betroffene aufgrund ihrer alkoholbedingten Probleme einen Arzt aufsuchen. Natürlich besteht hier eine große Gefahr, dass die Alkoholsucht geleugnet und abgestritten wird. So liegt es dann wiederum im Ermessen des Patienten, inwieweit er in diesem Moment mutig genug ist, ehrlich zu sein.

Vielleicht sind die diagnostischen Auffälligkeiten in diesem Moment noch nicht so eklatant, dass der Arzt seine vorgeschobenen Gründe für die eigentlich alkoholbedingten Symptome akzeptiert. Die Frage ist allerdings, ob ein erfahrener Arzt dieses Täuschungsmanöver letztendlich nicht doch durchschauen wird. Je erfahrener er im Umgang mit Alkoholikern ist, desto eher wird er in der Lage sein, etwaiges Kaschieren zu durchschauen. Hier spielt in diesem Moment die Persönlichkeit des Arztes eine ganz entscheidende Rolle.

Je einfühlsamer und vertrauenserweckender er auf den Patienten wirkt, desto eher wird dieser seine Ängste abbauen und sich seinem Arzt offen und ehrlich mitteilen.

Wenn der Patient also einlenkt und ein begründeter Verdacht vorliegt, dann wird der Arzt weitere Möglichkeiten heranziehen, um seinen Verdacht auf ein Alkoholproblem zu überprüfen. Hier kann er beispielsweise das sogenannte CAGE-Interview nutzen, um eine Alkoholabhängigkeit zu diagnostizieren. Die Buchstaben C, A, G und E stehen als Kürzel für englische Wörter, die mit Alkoholkonsum zu tun haben:

Cut Down (Einschränkung des Alkohols),
Annoyed (Ärger),
Guilty (schuldig),
Eye-opener (Augenöffner).

Dieser kurze Fragebogen, der lediglich aus vier Fragen besteht, wird international verwendet, um eine Alkoholabhängigkeit bzw. einen Alkoholmissbrauch zu erfassen.

In den vier Fragen geht es um die Einschränkung des Alkoholkonsums, das Verhalten anderer Personen auf die Trunksucht, eigene Schuldgefühle und die Frage, ob der Betroffene den Alkohol schon früh morgens braucht, um in die Gänge zu kommen oder sich zu beruhigen. Im Einzelnen sind die Fragen wie folgt:

1. Hatten Sie schon mal das Gefühl, dass Sie den Alkoholkonsum vermindern sollten?
2. Haben Sie sich schon mal darüber geärgert, dass sich andere Menschen über Ihren Alkoholkonsum beschwert haben?
3. Haben Sie sich selbst schon mal aufgrund Ihres Alkoholkonsums schuldig gefühlt?
4. Haben Sie morgens nach dem Aufwachen schon mal Alkohol getrunken, um sich zu beruhigen oder den Alkoholkater zu besänftigen?

Antwortet der Patient zweimal mit ja, dann sind dies für den Arzt wichtige Hinweise darauf, dass ein problematisches Verhältnis zum

Alkohol wie Alkoholmissbrauch oder sogar eine Alkoholabhängigkeit vorliegt. In diesem Fall wird der Arzt das Ergebnis zum Anlass nehmen, weiterführende Untersuchungen durchzuführen.

Eine ausführlichere Methode als das CAGE-Verfahren ermöglicht das ‚Trierer Alkoholismusinventar' (TAI). Hierbei handelt es sich um einen umfangreichen Fragenkatalog zum Suchtverhalten, der 90 Punkte beinhaltet und in 7 Kategorien unterteilt ist:

Schweregrad, Soziales Trinken, Süchtiges Trinken, Motive, Schädigung sowie Trinken und Partnerprobleme. Um einen aktuellen Alkoholkonsum nachzuweisen, kann man sich in der medizinischen Praxis verschiedener Verfahren bedienen. Die bekannteste Methode ist ein Atemtest sowie eine Blutentnahme. Beides sind Verfahren, die täglich im Straßenverkehr eingesetzt werden.

Darüber hinaus gibt es einen so genannten Kurzzeitmarker, der den Alkoholkonsum innerhalb von drei Tagen nachweisen kann. In diesem Fall spricht man von einem ‚erhöhten EtG'. Das CDT ist ein Langzeitmarker für Alkohol. Damit kann der Alkoholkonsum in den letzten drei Wochen festgestellt werden. Längere Trunkenheitsphasen werden durch eine Begleitalkoholanalyse nachgewiesen.

Selbsttest: Bin ich schon Alkoholiker?

In der Literatur und im Internet finden sich viele verschiedene Selbsttests, mit denen man das eigene Trinkverhalten kritisch einschätzen kann. Mehr oder weniger gut kann man mit ihrer Hilfe überprüfen, ob bereits ein bedenklicher Alkoholkonsum vorliegt. Die Tests dienen dazu, eine persönliche Ersteinschätzung vornehmen zu können und Aufschluss über mögliche Risiken zu erhalten. Eine professionelle Diagnostik durch einen Therapeuten ersetzen diese Tests jedoch nicht. Für eine sichere und zuverlässige Diagnose ist es unvermeidbar, dass man einen Facharzt aufsucht. Dies gilt auch für den nachfolgend aufgeführten Test, der eine gute Grundlage gibt, die eigene Situation hinsichtlich des Alkoholkonsums und einer möglichen Abhängigkeit zu überprüfen.

Beachten Sie beim Ausfüllen die folgenden Punkte:
Seien Sie bei der Beantwortung der Fragen ehrlich. Es gibt kein Richtig oder Falsch, sondern es geht ganz allein um Ihre Gesundheit und Ihre Lebensumstände.
Zählen Sie die alkoholischen Getränke immer pro Glas.
Zu den alkoholischen Getränken zählen nicht nur ‚harte' Sachen, sondern auch Bier, Wein, Sekt, Likör, Alcopops etc.

Testfragen:

1. Trinken Sie mehr als 2 alkoholische Getränke pro Tag?
2. Haben Sie selbst das Gefühl, dass Sie Ihren Alkoholkonsum reduzieren sollten?
3. Haben sich innerhalb der vergangenen 12 Monate Familienangehörige, Freunde oder sonstige nahestehende Menschen über Ihr Trinkverhalten geäußert, bzw. wurde Ihnen nahegelegt, den Alkoholkonsum einzuschränken?
4. Brauchen Sie täglich Alkohol und in der Regel ab einer bestimmten Uhrzeit?
5. Konnten Sie sich aufgrund Ihres Alkoholkonsums an Ereignisse des Vorabends nicht mehr erinnern?
6. Hatten Sie schon mal aufgrund Ihres Trinkverhaltens ein schlechtes Gewissen oder Schuldgefühle?
7. Haben Sie innerhalb der vergangenen 12 Monate festgestellt, dass es Ihnen unmöglich ist, mit dem Trinken aufzuhören, nachdem Sie einmal begonnen hatten?
8. Nehmen Sie häufiger als an 4 Tagen pro Woche alkoholische Getränke zu sich?
9. Konnten Sie in den vergangenen 12 Monaten die Erwartungen ihres Umfeldes (Familie, Freunde, Arbeitskollegen) aufgrund Ihres Alkoholkonsums nicht gerecht werden?
10. Brauchten Sie in den vergangenen 12 Monaten am Morgen nach einem starken Alkoholkonsum erneut Alkohol, um sich fit und dem Tag gewachsen zu fühlen? Nur durch Alkohol war es möglich, Ihren Kater loszuwerden?
11. Gab es schon mal die Situation, dass Sie nicht mehr unter

Kontrolle hatten, jederzeit mit dem Trinken aufzuhören?

12. Haben Sie jemals unter dem Einfluss von Alkohol sich selbst oder einer anderen Person Verletzungen zugefügt?

13. Trinken Sie heimlich?

14. Vermeiden Sie Gespräche, die auf Ihren Alkoholkonsum anspielen?

15. Benutzen Sie Ausreden für Ihren Alkoholkonsum?

16. Sorgen Sie dafür, dass ständig ein Alkoholvorrat vorhanden ist?

17. Obwohl Sie ausreichend geschlafen haben, fühlen Sie sich morgens unausgeschlafen und wie zerschlagen?

18. Leiden Sie seit einiger Zeit unter Schlafstörungen, für die es keine offensichtliche Begründung gibt?

19. Ist Ihre Verdauung durcheinander geraten, indem häufig Blähungen, Durchfälle oder andere verdauungsbedingte Beschwerden auftreten?

20. Nutzen Sie den Alkohol, um sich zu entspannen oder von Problemen abzulenken?

21. Gibt es bestimmte Situationen wie z. B. Konflikte oder unliebsame Aufgaben, die ohne Alkoholkonsum nicht denkbar sind?

22. Wie gehen Sie mit Menschen um, die Sie auf Ihren Alkoholkonsum ansprechen? Reagieren Sie aggressiv, aufbrausend, leugnen Sie den Alkohol, oder greifen Sie die Personen an?

23. Wie reagieren Sie, wenn kein Alkohol verfügbar ist? Geraten Sie in Panik, und setzen Sie dabei alles in Bewegung, damit Sie Alkohol bekommen?

24. Beziehen sich Ihre Freizeitaktivitäten hauptsächlich auf Situationen, in denen Sie Alkohol trinken können?

25. Zittern Sie (Hände Lippen etc.), wenn Sie eine Zeit lang keinen Alkohol getrunken haben?

Nicht jedes in den Testfragen aufgeführte Symptom muss ein erhöhtes Suchtrisiko bedeuten. Je mehr Fragen Sie jedoch mit Ja beantwortet haben, desto größer ist der Verdacht auf einen riskanten Alkoholkonsum. Bei vielen Ja-Antworten sollten Sie Ihr Trinkverhalten ernsthaft überdenken, da es wahrscheinlich bereits ein gefährliches bzw. schädliches Niveau erreicht hat. Dies trifft insbesondere dann zu, wenn Sie

mindestens die Hälfte der Fragen mit Ja beantwortet haben.
Gehen Sie jetzt den nächsten Schritt: Wenn Sie vermuten, dass ein riskanter Alkoholkonsum vorliegt, nehmen Sie professionelle Hilfe in Anspruch.

Vorbeugung
In 11 Schritten die Gefahr der Alkoholabhängigkeit reduzieren

Wenn Sie zwischenzeitlich zu der Erkenntnis gekommen sind, dass Alkohol eine ernsthafte Bedrohung für Sie bedeutet, Sie aber noch nicht wirklich abhängig davon sind, haben Sie noch gute Chancen, dem noch weiteren schleichenden zunehmenden Alkoholkonsum entgegenzuwirken. Der nachfolgende 11-Punkte-Plan soll Ihnen dabei helfen, Ihr Trinkverhalten unter Kontrolle zu bringen.
Wenn Menschen noch rechtzeitig den Absprung schaffen, dann deshalb, weil sie ihr eigenes Verhalten selbst nicht mehr ertragen können und sich den Ursachen des Problems stellen wollen. Sie merken, dass auch der Alkohol ihre Probleme nicht beseitigt. Meistens ist das bei Fällen zu beobachten, die mit Lebenskrisen zu tun haben. Das oft angeführte Burnout ist in diesem Fall ein gutes Beispiel. Wer seine Überarbeitung mit Alkohol kompensiert, wird das auf Dauer nicht lange durchhalten. Die Aussteiger aus diesem Burnout wissen, dass eine Hilfe in therapeutischer Form wichtig für ein ausgeglichenes Leben ist. Bereits während einer Psychotherapie kann so der Alkoholkonsum reduziert werden und mit der Aufarbeitung der Situation ganz zum Stillstand kommen. Das bezieht sich auch auf viele weitere, seelische Belastungen und depressive Störungen.

Dieser nachfolgende 11-Punkte-Plan versteht sich also als eine vorbeugende Maßnahme und ist nicht geeignet, eine bestehende Alkoholerkrankung zu behandeln. Denn eine bereits eingetretene Sucht bedarf einer professionellen Hilfe, wie Sie unter anderem im Kapitel ‚Behandlung' nachlesen.

1. Bilanz ziehen

Um herauszufinden, ob Sie bereit bzw. reif für eine Veränderung sind, müssen Sie sich über Ihr Verhältnis zum Alkohol klar werden. Fragen Sie sich, was Ihnen am Trinken gefällt, und was Sie als negativ empfinden. Überwiegt in Ihrer Pro- und Contra-Liste die negative Seite, ist es für Sie an der Zeit, endlich zu handeln: Sie haben bereits (vielleicht auch nur unbewusst) erkannt, dass Ihnen der Alkohol kein guter Freund ist.

Das ist die beste Voraussetzung für eine Veränderung, denn Sie sind aus sich selbst heraus motiviert, und die Gefahr, dass Sie beispielsweise eine Therapie oder eine andere Maßnahme abbrechen, ist geringer, als wenn Sie nur ‚von außen' motiviert wären, und es nicht ihr innerer eigener Wille wäre.

2. Nehmen Sie die Unterstützung Ihrer Freunde in Anspruch

Schaffen Sie für sich günstige Rahmenbedingungen! Schämen Sie sich nicht, um Hilfe zu bitten. Heimlichkeit und falsche Scham sind absolut fehl am Platze. Bitten Sie Freunde und Bekannte, Ihnen zu helfen, Ihren Alkoholkonsum einzuschränken.

3. Führen Sie ein Trinktagebuch

Und auch wenn es Ihnen eigenartig vorkommt: Führen Sie ein Trinktagebuch, und seien Sie ehrlich dabei. Wenn Sie schummeln, betrügen Sie letztendlich sich selbst am meisten. Gut wäre es, wenn auch Ihr Partner oder eine andere Vertrauensperson, mit der Sie sehr eng zusammenleben, ein Tagebuch führen könnte, das quasi als Kontrollinstanz fungiert.

Notieren Sie sich genau, wann Sie welche Mengen an Alkohol getrunken haben. Vermerken Sie auch die Tage, an denen Sie keinen Alkohol angerührt haben. So erhalten Sie einen ungeschminkten Blick auf Ihren tatsächlichen Alkoholkonsum, der erheblich von dem gefühlten Alkoholkonsum abweichen kann. Für Sie kann es auch wichtig sein, zu erkennen, ob bestimmte Personen oder Situationen einen erhöhten Alkoholkonsum auslösen. Vermerken Sie deshalb auch genau, zu welchem Anlass, und mit welchen Personen Sie getrunken haben.

Vergessen Sie nicht, sich auch Art und Menge des konsumierten Alkohols bewusst zu machen, sowie den Ort des Alkoholkonsums.

4. Überprüfen Sie den Alkoholgehalt

Den meisten Menschen ist gar nicht bewusst, wie viel Alkoholgehalt in den einzelnen Getränken vorhanden ist. Wissen Sie beispielsweise, wie viel Alkohol in Ihrem Lieblingswein oder -bier enthalten ist?

5. Informieren Sie sich

Indem Sie Informationen sammeln und sich in das Thema Alkohol einarbeiten, lernen Sie Ihren Widersacher näher kennen. Sie kennen das von Boxkämpfen, bei denen es zum Training gehört, sich intensiv mit seinem Boxgegner zu beschäftigen. Und je besser man diesen kennenlernt, desto erfolgreicher kann man sich auf ihn einstellen und sich ihm zur Wehr setzen. Einiges von dem, was Sie erfahren, wird Ihnen nicht neu sein, anderes mag Sie dagegen auch überraschen. Wussten Sie beispielsweise, dass Frauen bei gleicher Alkoholmenge einen höheren Alkoholspiegel im Blut aufweisen, schneller betrunken werden und häufiger stärkere körperliche Schäden davontragen als Männer?

6. Setzen Sie sich erreichbare Ziele!

Achten Sie darauf, dass Ihre Ziele realistisch bleiben. Es ist niemandem mit nicht erreichbaren Zielen gedient - im Gegenteil. Sie werden schnell Ihre Motivation verlieren und aufgeben. Besser ist es, sich pro Woche kleinere Ziele zu setzen. Auch hier sollten Sie darauf achten, es nicht zu übertreiben - 3 Ziele pro Woche sind genug. Wie wäre es beispielsweise, wenn Sie einen Wochentag zum alkoholfreien Tag erklären?

Wenn Sie beispielsweise festgestellt haben, dass Sie gerade am Wochenende zu viel trinken, können Sie zunächst den Freitag alkoholfrei halten, dann den Samstag und irgendwann einmal das ganze Wochenende. Lassen Sie es langsam angehen. Wenn Sie das Gefühl haben, keinen ganzen Tag ohne Alkohol auskommen zu können, setzen Sie sich eine Alkoholgrenze, und legen Sie fest, wie viel Alkohol Sie maximal zu sich nehmen wollen. Auch diese Grenze können Sie mit der Zeit immer weiter absenken. Sinnvoll kann es auch sein, sich eine Alkoholobergrenze für die gesamte Woche zu setzen.

7. Finden Sie geeignete Strategien für sich!

Vielleicht fällt es Ihnen schwer, nur über Ihren Willen und Ihre Motivation den Ausstieg zu schaffen.
Deswegen: Erarbeiten Sie bestimmte Regeln für sich, und halten Sie sich daran. So könnten Sie beispielsweise für sich bestimmen, nicht vor einer bestimmten Uhrzeit zu trinken. Oder konsumieren Sie den Alkohol nur langsam und in kleinen Schlucken. Das Glas stellen Sie zwischendrin immer wieder ab, und nehmen nach jedem alkoholischen Getränk ein nicht- alkoholisches Getränk zu sich. Möglicherweise hilft es Ihnen auch, Orte und Personen zu meiden, die Sie zum Trinken anregen.

8. Machen Sie sich Ihre persönlichen Risiko-Situationen bewusst!

Hierbei kann Ihnen Ihr Trinktagebuch unschätzbare Hilfe leisten. Gab es Situationen, in denen Sie Alkohol zu sich genommen haben, obwohl Sie das gar nicht wollten, oder haben Sie mehr getrunken als Sie eigentlich vorhatten? Genau hier liegt Ihre persönliche Risikosituation. Machen Sie sich diese Situation bewusst, denn nur, wenn Sie diese kennen, können Sie sie auch meiden.

9. Gestalten Sie Ihre Freizeit ohne Alkohol!

Es ist auffällig, dass viele Personen, die viel und oft Alkohol trinken, auch in ihrer Freizeit oft mit Alkoholischem zu tun haben. Die Versuchung ist dann natürlich sehr hoch. Wenn Sie Ihren Alkoholkonsum einschränken wollen, sollten Sie Ihre Freizeit so gestalten, dass Ihnen dort keine zusätzlichen Versuchungen begegnen. Es gibt unzählige Möglichkeiten, die Freizeit zu gestalten, ohne dass Sie dabei mit Alkohol in Berührung kommen müssten. Denken Sie darüber nach, was Ihnen Spaß machen könnte. Es ist wenig sinnvoll, sich für eine Aktivität allein deshalb zu entscheiden, weil sie ohne Alkohol auskommt oder gesund ist. Denn wenn Sie keinen Spaß dabei haben, werden Sie dieses Hobby schnell vernachlässigen und womöglich in Ihre alten Gewohnheiten zurückfallen. Oder haben Sie vielleicht gar ein altes Hobby, das Sie früher geliebt und dann vernachlässigt oder aufgegeben haben? Lassen Sie es wieder aufleben, wenn Sie das Gefühl haben, es täte Ihnen gut.

10. Gehen Sie bewusst mit Problemen um!

Probleme werden nicht kleiner, wenn man versucht, sie wegzutrinken. Eher ist das Gegenteil der Fall. Machen Sie sich bewusst, dass Sie nicht allein sind. Jeder Mensch hat Probleme, die Frage ist oftmals nur, wie man damit umgeht. Seien Sie ehrlich mit sich und anderen. Sie haben Probleme in der Beziehung, in Ihrem Beruf oder Angst vor der Zukunft? Reden Sie darüber! Vielleicht werden Sie überrascht sein, dass es anderen Menschen ganz ähnlich geht! Gehen Sie Konfrontationen nicht aus dem Weg, und ziehen Sie sich auch nicht zurück, wenn Sie sich bedrängt fühlen oder meinen, alles werde zu viel. Artikulieren Sie diese Gefühle anderen gegenüber. Denn nur, wenn Sie sagen, was in Ihnen vorgeht, kann es Ihr Gegenüber auch sicher wissen und Ihnen seine Unterstützung anbieten.

11. Ihre 3 Strategien und Ihre 3 Risiken

Lesen Sie nochmals Ihr Trinktagebuch und überlegen Sie, welche Strategien Ihnen am meisten auf Ihrem Weg geholfen haben. Notieren Sie sich die wichtigsten 3 auf ein Blatt Papier, und hängen Sie dieses so auf, dass Sie es jeden Tag sehen. Schauen Sie nochmals durch Ihr Tagebuch, und finden Sie die 3 Risiken, die Ihnen am gefährlichsten werden könnten. Auch diese notieren Sie sich. Hängen Sie sie neben Ihre Erfolgsstrategien. Auf diese Weise sind Sie sich Ihrer Ziele und Fortschritte, aber auch Ihrer Gefährdung, stets bewusst.

Behandlung:
Entzug, Entwöhnung und Nachsorge

Der Weg, um vom Alkohol wegzukommen, ist sicherlich kein Spaziergang, sondern vielmehr eine anstrengende Bergwanderung, bei der viele Stolpersteine und Herausforderungen in der Gegend herumliegen. Man darf sich nichts vormachen: Um endgültig vom Alkohol loszukommen, ist eine enorme Kraftanstrengung auf körperlicher und psychischer Ebene notwendig, bei der auch so manche Grenze überschritten werden muss.

Um dauerhaft von seiner Droge loszukommen, ist es fast immer erforderlich, dass man professionelle Hilfe in Anspruch nimmt. Abhängig von den individuellen Gegebenheiten kann die Alkoholabhängigkeit mit einem relativ kurzen oder einem langfristigen Therapiekonzept behandelt werden. Erfahrungsgemäß erfordert eine langjährige Alkoholabhängigkeit auch eine lang angelegte Therapie.

Je nach Schweregrad und Ausprägung der Abhängigkeit kann die Therapie nicht durch eine einzige Institution bzw. einen Therapeuten allein geleistet werden. Häufig sind mehrere Therapeuten aus verschiedenen Fachrichtungen daran beteiligt, den Weg aus dem Alkohol zu begleiten. Neben Ärzten sind dies unter anderem Suchttherapeuten, Sozialpädagogen und Psychologen. Und je besser diese sich untereinander abstimmen und zusammenarbeiten, desto vielversprechender kann der Gesundungsprozess verlaufen. Allerdings sind weder Entzug noch Entwöhnung ohne die Mithilfe des Betroffenen möglich. Der langfristige Erfolg hängt immer von der Einstellung und Motivation des Patienten ab. Und je früher die Therapie erfolgt, desto größer sind die Erfolgschancen. Mittlerweile gibt es eine große Anzahl an verschiedenen Behandlungskonzepten, um die Alkoholabhängigkeit in den Griff zu bekommen. So verschieden sie im ersten Moment auch erscheinen mögen, so verfolgen sie dennoch in der Regel ein und dasselbe Ziel: Die völlige Alkoholabstinenz. Die gängigen Therapieverfahren basieren im Grunde auf einem vierstufigen Programm, das jedoch auch fließende Übergänge aufweist. Auch die einzelnen Stufen sind nicht immer klar voneinander abzugrenzen. So kann bei einer leichten Ausprägung der Abhängigkeit in Einzelfällen beispielsweise auf eine Entgiftungsphase verzichtet werden. Ob dies jedoch möglich ist, wird immer in der Beratungsphase abgeklärt, die am Anfang jedes Therapiekonzeptes steht.

1. Beratung (Kontaktaufnahme und Motivationsphase)

Während der Beratungsphase wird von einem Suchttherapeuten das Ausmaß der Alkoholabhängigkeit, die Motivation und Krankheitseinsicht hinterfragt, um die Notwendigkeit und die Erfolgsaussichten auf eine weiterführende Therapie festzustellen.

2. Entzug (Entgiftungsphase)

Während der Entgiftungsphase wird der Körper vom Alkohol befreit. Die Behandlung findet meistens stationär statt.

3. Entwöhnungsphase

Während der Entwöhnungsphase findet die aktive Auseinandersetzung mit der Alkoholabhängigkeit statt. Die Behandlung erfolgt ambulant, stationär oder kombiniert als ambulante/stationäre Therapie.

4. Nachsorge (Anschlussbehandlung)

Nach Beendigung der Entwöhnungstherapie erfolgt eine Nachsorge, um den Gesundheitszustand zu stabilisieren und die Wiedereingliederung in das ‚normale' Leben zu begleiten. Während dieser einzelnen Phasen geht es neben der Auseinandersetzung mit der Erkrankung auch immer darum, sich auf die Änderungen des Suchtverhaltens einzustellen und neue Verhaltensmuster zu erlernen und zu verinnerlichen. Wenn keine nahtlosen Übergänge von einer Behandlungsstufe zur nächsten möglich sind, sollte diese Zeit durch ambulante Therapiekonzepte gefüllt werden. Eine der wichtigsten Anlaufstellen ist immer die Selbsthilfegruppe.

Behandlung: 1. Schritt – Die Beratung

Um den Weg in die Alkoholfreiheit zu beschreiten, steht am Anfang immer die Beratung. Manche Therapeuten sagen, dass in diesem Moment eigentlich das Schlimmste schon vollbracht ist, weil man die Krankheit in diesem Moment akzeptiert und die Entscheidung getroffen hat, aus dem Alkohol auszusteigen.

Doch genau genommen beginnt jetzt die eigentliche Arbeit, und die besteht in dieser Phase daraus, dass man einen Therapeuten aufsucht, um sich von ihm bezüglich seiner Alkoholabhängigkeit beraten zu lassen. Möglicherweise wird Ihr Hausarzt Ihre erste Anlaufstelle sein, doch wahrscheinlich wird dieser Sie an eine auf Suchterkrankungen spezialisierte Einrichtung, wie beispielsweise eine ambulante regionale Suchtberatungsstelle, weiterleiten.

Wenn Sie in einem großen Unternehmen arbeiten, haben Sie möglicherweise eine komfortablere Ausgangsbasis, indem Ihnen ein geeigneter betriebszugehöriger Sozialarbeiter mit entsprechenden Beratungen zur Seite steht. Große Betriebe verfügen über speziell ausgebildete Mitarbeiter, die auch bei Suchterkrankungen beratend zur Seite stehen. Sie haben nicht nur viel Erfahrung mit suchtmittelabhängigen Mitarbeitern, sondern stehen in der Regel auch in einem sehr engen Kontakt mit externen Suchttherapeuten und – kliniken.

Wer nicht auf eine derartige betriebliche Unterstützung zurückgreifen kann, sollte sich gemeinsam mit seinem Hausarzt auf die Suche nach einer geeigneten Therapieeinrichtung begeben. So wird Ihr Hausarzt Ihnen eine geeignete Beratungsstelle für Suchterkrankungen vermitteln, den Kontakt zu einer Selbsthilfegruppe herstellen oder Ihnen eine Fachklinik empfehlen, mit der er in Kontakt steht, und mit der er bereits gute Erfahrungen gemacht hat.

Das Angebot an Beratungsmöglichkeiten ist in der Regel sehr groß, kann aber aufgrund regionaler Unterschiede variieren. Häufig sind es psychosoziale Beratungsstellen, die von der Caritas oder der Diakonie angeboten werden. Aber auch Gesundheitsämter, Sozialdienste von Krankenhäusern und Selbsthilfegruppen sind häufig wichtige Anlaufstellen. Nehmen wir nun an, dass Sie sich entschieden haben, sich in eine dieser über 1.300 Beratungsstellen zu begeben, die es in Deutschland für Suchterkrankte gibt. Wählen Sie die für Sie am besten zu erreichende Beratungsstelle aus, und vereinbaren Sie telefonisch einen kostenlosen kurzfristigen Beratungstermin.

In diesem Beratungstermin geht es zunächst darum, Ihre Grundsituation und das Ausmaß Ihrer Alkoholsucht zu besprechen: ‚Wie viel trinken Sie täglich?', ‚Wie ist Ihre familiäre Situation?', oder ‚Sind Sie noch berufstätig?', sind einige der Fragen die hier gestellt werden. Da die Beratungsstellen der Schweigepflicht unterliegen, brauchen Sie keine Angst zu haben, dass die hier besprochenen, sehr persönlichen Angelegenheiten, anderen Menschen zu Ohren kommen könnten.

Da es um sehr persönliche Dinge geht, die man in diesem Gespräch von sich gibt, ist es natürlich wichtig, dass Sie sich in dieser Beratungsstelle gut aufgehoben fühlen. Fragen Sie sich selbst, ob Sie sich bei dem für Sie zuständigen Mitarbeiter wohl fühlen und Vertrauen zu ihm haben. Sollte dies nicht der Fall sein, weil Sie sich möglicherweise unverstanden fühlen oder ‚die Chemie einfach nicht stimmt', sprechen Sie das offen und ehrlich an. Entweder kann man Ihnen in dieser Beratungsstelle einen anderen Mitarbeiter zur Verfügung stellen, oder es kann sinnvoll sein, eine andere Beratungsstelle aufzusuchen oder sich über andere Hilfsangebote zu informieren. Ein vertrauensvolles Verhältnis zwischen Ihnen und Ihrem Therapeuten ist eine der wesentlichsten Voraussetzungen dafür, dass Ihre Therapie von Erfolg gekrönt sein wird.

Gehen Sie diesen Schritt aber nicht vorschnell, und seien Sie vor allem eins: Ehrlich – sich selbst und Ihrem Therapeuten gegenüber. Natürlich ist es immer einfacher, die Schuld für ein Scheitern bei anderen Menschen, als bei sich selbst zu suchen. Nutzen Sie es nicht als Ausrede, dass Sie möglicherweise mit Ihrem Berater nicht zurechtkommen. In der Beratungsphase ist es immens wichtig, dass Sie sich selbst gegenüber ehrlich sind und vor unangenehmen Fragen und Situationen nicht einfach kneifen. Sie haben sich entschlossen, sich helfen zu lassen, dann sollten Sie Ihr Ziel, alkoholfrei zu werden, ab jetzt auch konsequent mit starkem Willen und ganzem Herzen verfolgen. Meistens folgen dem ersten Gespräch in der Beratungsstelle noch weitere Gespräche. Wie häufig sie stattfinden, wird gemeinsam mit dem Suchtberater festgelegt. Ziel dieser Termine ist es, herauszufiltern, ob eine Abstinenz tatsächlich erforderlich ist und falls ja, wie die weiteren Behandlungsschritte aussehen können. Der Berater wird Sie daher fragen, ob und in welcher Art und Weise Sie sich eine weiterführende Therapie vorstellen können. Er wird abwägen, ob eine stationäre oder ambulante Behandlung sinnvoll ist, und inwiefern Ihre Angehörigen in die weiteren Therapien integriert werden sollen.

Wenn der Kontakt zu der Suchtberatungsstelle Ihr erster Schritt ist, um die Alkoholabhängigkeit anzugehen, werden Sie die Gespräche mit Ihrem Therapeuten womöglich als sehr befreiend empfinden. Endlich können Sie Ihr Herz ausschütten, Sie werden verstanden, brauchen sich nicht mehr zu verstellen, sondern können Ihr Alkoholproblem ganz offen ansprechen. Es gibt Ihnen das motivierende Gefühl, dass Sie endlich aus Ihrem schwarzen Tunnel herauskommen können, eine Perspektive erhalten, dass sich Ihr Leben endlich positiv verändert. Es ist doch ein tolles Gefühl, dass SIE es jetzt in der Hand haben, Ihr Leben in den Griff zu bekommen. Und fast ganz nebenbei werden Sie feststellen, dass Sie schon während dieser Beratungsphase Ihren Alkoholkonsum deutlich reduzieren.

Während der Gespräche mit Ihrem Suchtberater kommt auch die Motivation für Ihren Wunsch der Alkoholabstinenz zur Sprache. Denn wenn Sie aufgrund von äußerem Druck (Ihre Frau droht mit Scheidung, oder Ihr Arbeitgeber droht mit Kündigung) in der Suchtberatung erschienen sind, weiß der Therapeut, dass dies die Erfolgsaussichten schmälert. Aus diesem Grund wird der Therapeut in der Beratungsphase häufig versuchen, bei dem Alkoholiker eine Einsicht von der Notwendigkeit einer Therapie zu erreichen. Ist der Betroffene also zu Beginn der Beratung noch nicht davon überzeugt, seine Alkoholsucht nur mithilfe professioneller Unterstützung in den Griff zu bekommen, dann ist es das oberste Ziel des Therapeuten, diese Einsicht bei dem Alkoholiker zu entwickeln. Und sobald der Punkt erreicht ist, an dem Sie sagen: Ja, ich werde versuchen, trocken zu werden, legen Sie gemeinsam mit Ihrem Suchttherapeuten die weiteren Schritte fest. In der Regel folgt dann die Einleitung der Entgiftungs- und Entwöhnungstherapien. In dieser Phase geht es darum, festzulegen, ob die weitere Behandlung stationär oder ambulant erfolgen kann. Ihr Therapeut wird Ihnen die jeweiligen Vor- und Nachteile der einzelnen Behandlungsmöglichkeiten erläutern. Nutzen Sie also die Chance, Fragen zu den jeweiligen Therapien zu stellen, sodass Sie die nächsten Behandlungsschritte gut vorbereitet angehen können.

Zunächst wird es auch noch darum gehen, welcher Leistungsträger die Kosten übernehmen wird. Möglicherweise erfolgt auch eine Kontaktaufnahme mit dem Arbeitgeber, um eine Sicherung des Arbeitsplatzes trotz Ihrer Alkoholsucht anzusprechen. Sollten Sie finanzielle oder rechtliche Probleme haben, so kann Ihr Therapeut Sie auch in diesen Bereichen unterstützen.

Da der Kontakt zu anderen Alkoholikern oft sehr wertvoll ist, und dieser den Erfolg einer Therapie in vielerlei Hinsicht positiv beeinflussen kann, stellen viele Suchtberatungsstellen den Kontakt zu einer passenden Selbsthilfegruppe her. Dieser Kontakt sollte möglichst vor dem Beginn weiterer Therapien hergestellt werden, sodass Sie zu jeder Zeit eine Anlaufstelle haben. Denn nicht immer verlaufen die Übergänge von einer Therapie (z.B. Entzugsphase zur Entwöhnungsphase) fließend. Um aufgefangen zu werden, sind besonders in den Zeiten zwischen den einzelnen Therapiebausteinen derartige Anlaufstellen immens wichtig.

Behandlung 2. Schritt – Der Entzug

Nachdem Sie die Beratungsphase erfolgreich gemeistert haben, steht nun die nächste Therapiestufe an: Der Entzug. Unter dieser Entgiftungs- bzw. Entzugsphase versteht man die medizinische Versorgung, die fast immer der Entwöhnungstherapie vorangeht. Der Entzug ist bei den meisten Alkoholikern erforderlich und dient dazu, den Körper vom Alkohol zu befreien, ihn zu entgiften. Besonders bei einer langjährigen Alkoholabhängigkeit gilt der Entzug als die einzige Möglichkeit, den Körper vom Alkohol zu entgiften und damit eine wesentliche Voraus-

setzung für ein alkoholabstinentes Leben zu schaffen.
Eine Entzugsphase verläuft sehr individuell und kann sich auf einen Zeitraum von 3 Tagen bis zu 6 Wochen erstrecken. Häufig ist der Entzug allerdings nach 2 Wochen erreicht.

Die Entgiftung sollte in jedem Fall stationär und unter ärztlicher Beobachtung erfolgen. Planen Sie keinen ‚kalten' Entzug zu Hause! Zu groß ist die Gefahr, dass Ihr ohnehin schon strapazierter Körper diese Anstrengung nicht meistert. Denn es geht nicht nur um die Gefahr eines Rückfalls, sondern vielmehr um die körperlichen Strapazen, die der Körper durch die Entgiftung durchläuft.

Nur in leichten Einzelfällen entscheiden Therapeuten, dass ein ambulanter Entzug zu Hause erfolgen kann, aber auch dann nur mit intensiver Begleitung durch den Hausarzt. Ein ambulanter Entzug dauert in der Regel zwei Wochen. Während in der ersten Woche tägliche Arztbesuche erforderlich sind, erfolgen diese in der zweiten Woche jeden zweiten Tag. Neben körperlichen Untersuchungen erfolgt im Falle von Entzugssymptomen eine Verabreichung von entsprechenden Medikamenten.

Bei einer stationären Entgiftung wird häufig eine Suchtklinik einem normalen Krankenhaus vorgezogen. Da man in den Entzugskliniken mehr Erfahrung mit Suchterkrankungen hat, kann hier meistens mit einer intensiveren Betreuung gerechnet werden. Man kennt sich in den Entzugskliniken mit den auftretenden Problemen aus, die ein Entzug mit sich bringen kann, sodass meistens nicht nur eine medizinische, sondern auch eine emotionale Betreuung mit begleitenden Gesprächen und psychotherapeutischer Unterstützung erfolgt. Während des Entzugs ist es wichtig, rund um die Uhr einen Ansprechpartner zu haben, da zu jeder Tages- und Nachtzeit ernsthafte Entzugssymptome oder Rückfallsituationen auftreten können.

Wenn die Entgiftung stationär erfolgen soll, wird der Hausarzt eine entsprechende Überweisung ausstellen. Möglicherweise wird eine vorherige Kostenzusage des jeweiligen Leistungsträgers (Krankenkasse, Rentenversicherungsträger) erforderlich. Im ungünstigen Fall sind in Ihrem favorisierten Krankenhaus alle Betten belegt, sodass eine mehrwöchige Wartezeit entstehen kann. Überlegen Sie in diesem Fall, ob eventuell eine etwas entferntere Klinik in Frage kommt. Eine Einrichtung in nicht unmittelbarer Nähe zu Ihrem Wohnort kann sich ohnehin positiv auf Ihre Therapie auswirken, da Sie aus Ihrem täglichen Umfeld mit suchtbegünstigenden Faktoren herausgelöst werden. Bei einem Entzug wird der Alkohol von einem auf den anderen Tag abgesetzt. Die Entzugserscheinungen, die dabei auftreten können, sind sehr heftig und werden unter Umständen auch lebensbedrohlich für den Betroffenen. Auch deshalb ist die Überwachung des Entzuges meistens in einer Klinik erforderlich. Hier findet der Entzug auf speziellen Entgiftungsstationen unter ärztlicher Aufsicht statt.

Um dem Patienten den Entzug und insbesondere die Entzugssymptome zu erleichtern und lebensgefährliche Situationen zu beschränken, erhält der Patient Medikamente, die insbesondere die entzugsbedingte Nervosität, Übelkeit und Schlafstörungen reduzieren. Je nach Beschwerden kommen auch blutdrucksenkende Mittel, Antidepressiva oder Neuroleptika zum Einsatz, um Krampfanfällen vorzubeugen.

Bei dem gefährlichen *Delirium tremens* wird ein Medikament verabreicht, das gegen die Halluzinationen und illusionären Vorstellungen wirkt. Häufig kommt hier das Medikament *Distraneurin* zum Einsatz, mit dem die deliriumbedingte Sterblichkeitsrate reduziert werden konnte. Aufgrund des Suchtpotentials, das mit Distraneurin einhergeht, darf es nicht länger als 10 Tage eingenommen werden. Ein gleichzeitiger Konsum mit Alkohol ist dringend zu unterlassen.

Die Entzugsphase wird häufig als die schwerste Zeit für den Patienten bezeichnet, da er hier bis an seine Grenzen gehen muss, sowohl körperlich, als auch seelisch. Wenn er aber diesen Entzug hinter sich gebracht hat, dann ist der Körper erst einmal entgiftet und die wichtigste Voraussetzung für ein alkoholfreies Leben geschaffen.

Allerdings ist der Weg zu einem suchtfreien Leben in diesem Moment noch nicht beendet. Der Körper ist zwar vom Alkohol als solches befreit, aber die Sucht ist nach wie vor vorhanden. Somit fängt in diesem Moment nach der Entgiftung die eigentliche Arbeit zur Suchtbekämpfung erst an und zwar in Form einer Entwöhnungstherapie. Diese erfolgt meistens nicht in derselben Klinik, in der der Entzug durchgeführt wurde. Dazu werden durch das Krankenhaus verschiedene Schritte eingeleitet, es wird Kontakt zu Beratungsstellen, Selbsthilfegruppen und Ärzten aufgenommen, die dem Patienten nach dem Aufenthalt in der Klinik weiter zur Seite stehen. Dies ist besonders dann ganz wichtig, wenn der Übergang in die nächste Therapiestufe (Entwöhnungsphase) nicht zeitnah erfolgen kann. Wenn beispielsweise kein Therapieplatz in der vorgesehenen Klinik verfügbar ist, kann eine mehrwöchige Wartezeit notwendig werden. Diese Situation birgt das große Risiko, dass in dieser Phase ein Rückfall eintritt. Erschwerend kommt hinzu, dass sich viele Alkoholiker nach der Entgiftung gesundheitlich viel besser fühlen. Sie haben wieder mehr Energie und deutlich weniger Beschwerden als vor der Therapie. Dies birgt die Gefahr, dass sie leichtsinnig werden, zumal der Wunsch bzw. die Sucht nach Alkohol ja immer noch vorhanden ist.

Um in dieser Phase das Risiko eines Rückfalls zu vermindern, sollte man sich durch möglichst viel professionelle Hilfe unterstützen lassen, die ambulant angeboten wird. Hierzu gehört auch der intensive Kontakt zu einer Selbsthilfegruppe. Nutzen Sie diese Zeit auch, um Ihr Leben neu zu orientieren, indem Sie wichtige Voraussetzungen schaffen, die Ihr Leben nach dem wahrscheinlich anstehenden stationären Aufenthalt neu strukturieren. Sicherlich sind durch Ihren intensiven Alkoholkonsum auch einige Dinge liegen geblieben. Nutzen Sie diese Aufgaben, um sich vom Alkohol abzulenken. Erledigen Sie auch Ihren ganzen Papierkram, der durch die Therapien sicherlich auf Ihrem Schreibtisch gelandet ist und sich mittlerweile stapelt.

Entzugserscheinungen

Eine der größten Ängste, wenn es um eine Therapie geht, ist die Sorge um das Auftreten von körperlichen und psychischen Entzugserscheinungen. Und je nachdem, wie extrem das Absetzen des Alkohols erfolgt, kann dies gefährliche Entzugserscheinungen mit sich bringen. Da sich die Symptome bei jedem Menschen anders äußern, kann man einen Entzugsverlauf niemals vorhersagen.
Wenn der Körper plötzlich auf den gewohnten Alkohol verzichten muss, äußert sich dies durch vielfältige und individuell gelagerte Symptome. Ein großes Problem ist der sogenannte ‚Saufdruck', der sich durch einen starken Drang, Alkohol trinken zu müssen, bemerkbar macht. Durch diesen Drang entstehen wiederum eine starke Gereiztheit sowie Depressionen und eine körperliche Unruhe. Der Körper fordert Alkohol, aber man darf ihm keinen geben. Die Gedanken im Kopf drehen sich nur um eines: Alkohol. Hier ist es wichtig, standhaft zu bleiben, wenn nötig auch mithilfe entsprechender Medikamente.
Die meisten Probleme treten auf, die im Zusammenhang mit der Veränderung des Nervensystems entstehen. Die hierdurch bedingten auftretenden Symptome reichen dabei von grippeähnlichen Beschwerden, Händezittern, Gereiztheit, Übelkeit, Brechreiz, Schlafstörungen, Nervosität, Schwitzen, Bluthochdruck, Depressionen, Angstzuständen, Verfolgungswahn bis hin zu zentralnervösen Krampanfällen mit Zungenbiss und dem lebensgefährlichen und gefürchteten Delirium tremens. Das Delirium tremens ist eine gefährliche Entzugserscheinung. Der Patient findet sich nicht mehr zurecht in seiner Umgebung. Er ist reizbar und nimmt seine Umwelt nur noch wie Illusionen wahr. Dabei treten psychotische Symptome und Halluzinationen auf, die der Betroffene nicht nur sieht, sondern auch fühlt. Die in diesem Zusammenhang auftretenden Wahrnehmungsstörungen hält der Alkoholiker für real. Umgangssprachlich wird dieser Zustand ‚weiße Mäuse' genannt. Solche Delirien sind lebensbedrohlich. Bei einigen Menschen kommt es durch den Entzug zu extrem ausgeprägten Schmerzen. Zwar kennt man diese Schmerzen überwiegend bei Opiatabhängigen, aber sie können auch bei einem Alkoholentzug auftreten.

In Extremfällen kann ein Entzug tödlich enden. Auslöser gibt es hierfür mehrere, es ist eben nicht nur das gefürchtete Delirium, sondern auch das Auftreten von Depressionen oder das Ersticken am eigenen Erbrochenen sind Gefahrenquellen, die den Entzug lebensbedrohlich werden lassen können. Darüber hinaus kann es zu einem Verlust des Bewusstseins oder zu Wahnvorstellungen kommen, die unberechenbare Folgen mit sich bringen können. Dabei werden die Betroffenen nicht nur für sich selbst zu einer großen Gefahr, sondern auch für andere Menschen.

Allein schon aus diesen Gefahren heraus muss von einem Entzug in Eigenregie ohne fachliche Begleitung unbedingt abgeraten werden. Zwar äußern Betroffene immer wieder den Wunsch, sich zu Hause quasi einzuschließen und sich eigenständig durch das ‚Heruntertrinken' zu entgiften, aber es kann nicht deutlich genug vor den gefährlichen Risiken gewarnt werden. Besonders wenn bestimmte Voraussetzungen gegeben sind wie beispielsweise eine mehrfache Abhängigkeit (Alkohol, Drogen und Medikamente), Selbstmordgefahr, Halluzinationen, bereits gescheiterte ambulante Entzüge oder eine insgesamt schlechte gesundheitliche Verfassung. In diesen Fällen sollte keine ambulante Entgiftung erfolgen. Doch wieso kommt es überhaupt zu diesen beängstigenden und mitunter auch gefährlichen Entzugserscheinungen?

Um die Zusammenhänge nachvollziehen zu können, müssen wir uns vorstellen, dass der Körper aufgrund der Alkoholabhängigkeit meistens bereits viele Jahre lang an einen übermäßigen Alkoholkonsum gewöhnt ist. Dies hat zur Folge, dass sich der ganze Organismus mit seinem biochemischen Gleichgewicht an den Alkohol angepasst hat und die regelmäßige Alkoholzufuhr schon regelrecht erwartet. Kommt es zu einer reduzierten Alkoholversorgung, gerät das biochemische Gleichgewicht aus der Balance. Dies hat zur Folge, dass auch eine Verringerung des Alkoholkonsums zu Entzugserscheinungen führen kann.

Es ist allerdings nicht immer erforderlich, dass die Alkoholabhängigkeit bereits seit vielen Jahren besteht, damit es zu Entzugserscheinungen kommt. Je nachdem, wie die gesamte körperliche Verfassung ist,

und welcher Alkohol getrunken wird, kann es auch bereits nach einer vergleichsweise kurzen ‚Alkoholikerkarriere' zu Entzugssymptomen kommen.
Stellen wir uns nun vor, dass man seinem alkoholsüchtigen Körper einige Tage lang keinen Alkohol mehr zuführt. Hierfür muss nicht erst eine Entzugstherapie Anlass geben, sondern auch andere Auslöser wie ein plötzlicher Krankenhausaufenthalt oder Unfall können zu einer Unterversorgung mit Alkohol führen. Wenn der an den Alkohol gewöhnte Organismus nun nicht mehr mit seiner täglich zugeführten Droge versorgt wird, ist dieser nicht in der Lage, so schnell auf die veränderte Versorgungslage zu reagieren. Er kann sich nicht plötzlich umstellen und reagiert mit entsprechenden Symptomen, die wir als Entzugssymptome bezeichnen.

Während einer Entzugstherapie wird der Alkohol von jetzt auf gleich abgesetzt, sodass mit großer Wahrscheinlichkeit Entzugserscheinungen auftreten werden. Da diese, wie bereits beschrieben, sehr gefährliche und lebensbedrohliche Ausmaße annehmen können, erfolgt der Entzug in der Regel stationär in einer Klinik auf einer speziell eingerichteten Entgiftungsstation. In vielen Fällen kann durch die Verabreichung bestimmter Medikamente ein Großteil der Entzugssymptome gelindert werden. Häufig kommen Präparate mit dem Wirkstoff Clomethiazol oder Benzodiazepin-Medikamente zum Einsatz. Je nach Ausprägung der Entzugserscheinungen werden begleitend auch blutdrucksenkende Mittel verwendet, sowie Antidepressiva und Neuroleptika, um die Gefahr von epileptischen Anfällen oder Krampfanfällen zu reduzieren. Durchschnittlich dauert die Entzugsphase zwischen 7 und 13 Tagen, wobei innerhalb der ersten 24 Stunden meistens die schlimmsten Symptome auftreten. Nach Beendigung der kompletten Entzugsphase hat man zwar die Entgiftung des Körpers vom Alkohol erreicht, aber die Sucht besteht noch nach wie vor.

Behandlung 3. Schritt – Die Entwöhnungsphase

Nach der Entgiftung folgt die sogenannte Entwöhnung. Hier findet die eigentliche therapeutische Arbeit statt. In der Übergangszeit von der Entgiftungs- zur Entwöhnungsphase gilt die Gefahr eines Rückfalls ohne ausreichende therapeutische Unterstützung als besonders groß. Daher ist es so wichtig, dass sich die Entwöhnung möglichst nahtlos an die Entgiftung anschließt. Ist dies nicht möglich, weil eventuell noch kein Bett in der favorisierten Klinik verfügbar ist, sollten sicherheitshalber ambulante Maßnahmen vor Ort zwischengeschaltet werden.

In der Entwöhnungsphase geht es neben dem Erlernen der Alkoholabstinenz in erster Linie darum, dass der Alkoholiker wieder in soziale und berufliche Strukturen findet. Dafür ist es wichtig, dass er sich ohne Alkohol wieder in die Gesellschaft integriert und ein selbstbestimmtes alkoholfreies Leben führt. Er soll dabei auch lernen, sich seinen Problemen zu stellen und diese nicht gleich wieder durch Weglaufen oder Alkoholtrinken zu beseitigen.

Aus diesem Grund beginnt die Entwöhnung meistens mit der Feststellung der Suchtgeschichte. Wie ist es dazu gekommen, wie ist die Sucht fortgeschritten? Dazu müssen Patient und Ärzte oft sehr weit in die Lebensgeschichte zurückgehen. Diese Erfassung fällt vielen Alkoholikern sehr schwer, denn oftmals wurden die hier zur Sprache kommenden Probleme und unliebsamen Situationen verdrängt und mit Alkohol übergossen. Nicht nur kurzfristig, sondern meistens über einen Zeitraum von vielen Jahren hinweg. Während der Therapie kommt der Aufklärung und dem Aufdecken von Faktoren eine besondere Rolle zu, die zur Auslösung der Alkoholsucht geführt haben. Darüber hinaus geht es auch darum, dass der Alkoholiker darüber informiert wird, welche Auswirkungen der Alkoholmissbrauch auf seinen Körper, die Psyche, seine Familie, Kollegen und sein gesamtes soziales Umfeld hat. Auch die Auswirkungen auf nahe stehende, aber auch unbeteiligte Menschen (z. B. Straßenverkehr, Arbeitsplatz), werden aufgezeigt.

Je besser der Alkoholiker seine Krankheit versteht und sie annimmt, desto erfolgreicher kann er sie bekämpfen. So sind die Chancen gut, dass bei Einsicht auch die Motivation wächst, dass der Alkoholkranke

weder sich, noch anderen Menschen, in Zukunft schaden will.
Die Entwöhnungsphase kann eine Langzeittherapie oder eine Kurzzeittherapie sein, wobei man in der Regel zwischen einer stationären und einer ambulanten Therapieform wählen kann. Welche dieser beiden Behandlungsformen in Frage kommt, hängt von verschiedenen Aspekten ab. Man kann nicht sagen, dass grundsätzlich die stationäre Therapie die erfolgversprechendere Variante ist, sondern dies hängt immer von ganz persönlichen Umständen ab.
In einigen Fällen gibt es auch die Möglichkeit, eine Kombination aus stationärer und ambulanter Therapie durchzuführen. Je nach Klinik und persönlicher Situation werden beispielsweise 12 Wochen stationärer Therapie von 26 Wochen ambulanter Therapie abgelöst.

Für welche Art von Therapie Sie sich auch entscheiden – bedenken Sie, dass eine Entwöhnungsphase nicht mit einer herkömmlichen Kur vergleichbar ist. Sie sollten sich im Vorfeld darüber im Klaren sein, dass Sie mitunter auch schwierige und schmerzliche Situationen durchleben werden. Bereiten Sie sich innerlich darauf vor, dass Sie während dieser Therapie in erster Linie hart an sich arbeiten werden müssen, denn so sind Sie gut gewappnet, um auch unangenehme Situationen meistern zu können.

Sie werden während der Therapie auch vermutlich erfahren, dass Sie entgegen Ihrer Annahme, alles würde sich um Ihre Alkoholerkrankung drehen, sich auch intensiv mit Ihrem bisherigen Leben auseinandersetzen werden. Denn Ihr Leben und Ihre Person sind untrennbar mit Ihrer Alkoholabhängigkeit verbunden. Auch wenn Ihr Therapeut Sie in vielen Belangen nach all seinen Möglichkeiten unterstützen wird, so kann er Ihnen nicht die Arbeit abnehmen, dass Sie sich mit sich selbst beschäftigen werden, um mit sich ins Reine zu kommen. Betrachten Sie diese Perspektive aber nicht als ein unbesiegbares Schreckgespenst, sondern sehen Sie möglichst auch die positiven Seiten. Sie werden nämlich ganz sicher viele neue Dinge von sich selbst erfahren, die bisher in Ihrem Alkohol quasi ertrunken waren. Sie werden ganz neue Seiten an Ihrer Persönlichkeit entdecken, die Sie noch gar nicht kannten, und die Ihnen womöglich sogar total gut

gefallen werden. Nehmen Sie diese Reise zu sich selbst an, und seien Sie positiv gespannt darauf, was Sie erwarten wird – in Ihrem neuen Leben. Während der Therapie wird Ihre aktive Mitarbeit immer gefragt sein. Dazu gehört insbesondere, dass Sie unbedingt abstinent bleiben. Denn sollten Sie während der Therapie wieder Alkohol trinken, riskieren Sie Ihre weitere Behandlung, indem Ihre Krankenkasse beispielsweise keine weiteren Kostenzusagen erteilen wird.
Allein auch letztere Tatsache sollte Ihnen Anlass genug geben, sich nach all Ihren Kräften anzustrengen, um ein trockener Alkoholiker zu werden. Und um dieses Ziel zu erreichen, ist es so wichtig, dass Sie die für Sie am besten geeignete Therapieform auswählen.
Hierzu sollen Ihnen die nachfolgenden Ausführungen helfen, die die wichtigsten Vor- und Nachteile der Therapieverfahren beleuchten.

Stationäre Entwöhnung

Häufig sagt man, dass besonders die ‚schweren Fälle' in stationären Einrichtungen behandelt werden. Allerdings entspricht dies nicht unbedingt der Realität, denn ob eine ambulante oder stationäre Behandlung erfolgt, ist von wesentlich mehr Faktoren abhängig, wie wir im weiteren Verlauf dieses Kapitels noch erfahren werden.
Im Vergleich zu ambulanten Therapien wird nur ein kleiner Teil der Alkoholiker in stationären Suchtkliniken behandelt. Warum dies so ist, dürfte einerseits sicherlich kostenbedingt begründet sein, denn naturgemäß kostet eine ambulante Therapie nur einen Bruchteil im Gegensatz zur stationären Behandlung. So wägen die Leistungsträger (Krankenkassen und Rentenversicherer) im Vorfeld gründlich und auf der Basis verschiedener Voraussetzungen ab, ob eine ambulante oder stationäre Therapie bewilligt wird. Und wird die Kostenübernahme für eine Fachklinik erteilt, dann dauert es häufig noch einige Wochen oder sogar Monate, bis man seine Reise dorthin antreten darf.
Besonders schlechte Aussichten auf einen stationären Aufenthalt in einer Suchtklinik haben sogenannte ‚Drehtürpatienten' und Alkoholiker, die aufgrund ihrer Krankheit bereits sehr starke gesundheitliche Beschwerden aufweisen. Für diese Personengruppen sind in der Regel

Orte wie Psychiatrien, Pflegeheime oder Obdachloseneinrichtungen vorgesehen.
Wesentlich bessere Aussichten auf eine Kostenbewilligung durch einen Leistungsträger haben diejenigen, bei denen eine Perspektive auf eine wiederhergestellte Leistungsfähigkeit im Arbeitsleben gegeben ist. Bei einer ungünstigeren Aussicht kann die Kostenübernahme durch andere Leistungsträger als dem Rentenversicherer erfolgen, und zwar durch die Krankenkasse oder Sozialhilfeträger.
In der Regel wird man bei der Beantragung eines Klinikaufenthaltes mit dem unliebsamen Papiertiger konfrontiert. Lassen Sie sich hiervon nicht sofort entmutigen, sondern bitten Sie Ihre Beratungsstelle um Unterstützung, falls Sie sich mit den lästigen Formalitäten überfordert fühlen sollten. Auch wenn ein medizinisches Gutachten erforderlich ist, mit dem die Behandlung bestätigt wird, oder wenn ein Sozialbericht angefordert wird, lassen Sie sich immer durch Ihre Beratungsstelle unterstützen. Bedenken Sie, dass die Berater tagtäglich mit diesen Dingen zu tun haben und den Kampf mit den Formularen und Behörden gut kennen.
Unabhängig davon, wer nun als Kostenträger zum Zuge kommt – eine Zusage eines Leistungsträgers bedeutet letztendlich immer, dass man mit dieser ‚Eintrittskarte' eine große Chance auf ein alkoholfreies Leben in der eigenen Hand hält.
Eine besonders große Chance wird den Alkoholikern eingeräumt, deren Erkrankung sehr frühzeitig erkannt wird. Diese Erkenntnis wurde mittlerweile in entsprechende Therapiekonzepte integriert, die speziell auf eine frühzeitige Behandlung ausgerichtet sind und in einigen Suchtkliniken angeboten werden. Ziel dieses relativ neuen Therapieverfahrens ist es, den gesamten Krankheitsverlauf zu verkürzen. Dies wird ermöglicht, indem durch dieses Konzept Alkoholiker erreicht werden, die erst seit kurzer Zeit als alkoholabhängig gelten. Sie befinden sich noch in einer Frühphase und bedürfen womöglich noch einer weiterführenden Krankheitseinsicht. Aus diesem Grund geht es in diesen Therapien sehr stark darum, den Betroffenen zu motivieren bereits jetzt zu handeln und nicht erst in einem wesentlich fortgeschritteneren Stadium der Alkoholabhängigkeit, in der der Ausstieg

aus der Sucht ungleich schwerer ist.
Diese Frühzeitbehandlungen sind mit einer durchschnittlichen Dauer von 3 Wochen wesentlich kürzer gefasst als lang andauernde Entwöhnungstherapien, die meistens 3 bis 4 Monate andauern.
Doch was erwartet Sie nun eigentlich in einer Suchtklinik bzw. Fachklinik, wie sie auch häufig genannt wird?
Zunächst wird Sie wahrscheinlich das große therapeutische Angebot überraschen, über das die meisten dieser Kliniken verfügen. Zwar ist die Basis jeder Therapie die Einzel- und Gruppentherapie, aber es dreht sich nicht den ganzen Tag alles um den Alkohol. Mit einem umfangreichen Programm wird für viel Abwechslung gesorgt. Dies dient nicht nur dazu, vom Thema Alkohol abzulenken, sondern es soll auch neue Interessen wecken. Wo sonst hat man die Gelegenheit, Gestaltungstherapie wie Seidenmalerei oder Töpfern, Körperentspannung und Sportangebote so intensiv kennenzulernen? Hier hat man viele interessante Möglichkeiten, neue Hobbys zu entdecken, die für neue Lebensinhalte sorgen können.

Doch neben diesen eher angenehmen Programmen gibt es natürlich auch einige Klinikangebote, die sich mit dem ‚Leben da draußen' beschäftigen. Hierzu gehören unter anderem Übungen zur Wiedereingliederung und Arbeitstherapien. Zudem helfen Ihnen die Kliniken mit dem Kontakt zu Selbsthilfegruppen, mit sozialer Begleitung und bewährter Rückfallprophylaxe. Während des Klinikaufenthalts werden die Patienten auch mit Aufgaben betreut. Das stärkt das verantwortungsbewusste Handeln und das Selbstbewusstsein. Auch das Gefühl, wieder etwas Sinnvolles zu tun, ist dabei sehr wichtig für den Patienten. Eine stationäre Therapie wird aus verschiedenen Gründen häufig der ambulanten Behandlung vorgezogen. Nicht nur, weil hier das Therapieangebot umfangreicher ist, sondern auch die medizinische Rundumbetreuung, die Kliniken leisten können, spricht in vielen Fällen für einen Klinikaufenthalt und gegen eine ambulante Betreuung.
Ein stationärer Aufenthalt ist insbesondere dann sinnvoll, wenn der Alkohol starke Schädigungen an Psyche und Körper angerichtet hat. Auch eine unzureichende Wohnsituation und Arbeitslosigkeit sind

Gründe, warum ein Alkoholabhängiger besser unter einer ständigen Betreuung stehen sollte. Einer der wesentlichsten Aspekte, der für einen stationären Aufenthalt spricht, ist aber sicherlich die Tatsache, dass man in einer Klinik nicht mit Alkohol konfrontiert wird. Man wird aus seinem gewohnten Umfeld regelrecht herausgezogen und für einen Zeitraum von mehreren Monaten in eine ‚andere Welt' verfrachtet. Hier wird man dem Alkohol völlig entzogen, sodass die Rückfallgefahr geringer einzustufen ist, als bei einer ambulanten Therapie. Meistens erfolgt der letzte Alkoholkonsum kurz vor Betreten der Suchtklinik, denn ab der offiziellen Aufnahme in der Klinik ist jeglicher Alkoholkonsum untersagt. Dies führt meistens zu der mitunter kurios anmutenden Situation, dass die Klinikpatienten am Tag ihrer Anreise noch kurz vor dem Betreten der Suchtklinik die nächstgelegene Kneipe ansteuern oder sich noch schnell anderweitig mit Alkohol versorgen. Denn sie wissen, dass dies möglicherweise der letzte Alkoholkonsum für den Rest des weiteren Lebens sein wird. Kommt es zu einem Verstoß der Auflage, während der stationären Entwöhnungstherapie abstinent zu bleiben, greifen die Kliniken in der Regel rigoros durch und beenden die Therapie.

In vielen Fällen ist die von den Leistungsträgern ausgesuchte Suchtklinik nicht in Wohnortnähe. Hier geht es in erster Linie darum, die jeweiligen Vertragskliniken zu ‚füllen', sodass die Patienten dorthin geschickt werden, wo gerade Platz ist. So kommt es immer wieder vor, dass die Patienten ihre Therapie mehrere hundert Kilometer weit entfernt von ihrem Wohnort durchführen. Dies hat zur Folge, dass sie komplett aus ihrem Umfeld herausgerissen werden, die Verwandten und Freunde nicht oder nur sehr selten zum Besuch kommen können und die Kontakte zu den örtlichen Therapieeinrichtungen und Selbsthilfegruppen abreißen bzw. für einen längeren Zeitraum unterbrochen sind. Diese Aspekte werden teilweise als negativ bewertet, weil sich dieser ungünstig auf den Therapieerfolg auswirken könnte. Doch durch die große räumliche Entfernung wird man völlig aus seinen Strukturen herausgerissen und läuft nicht Gefahr, von seinen alten Saufkumpanen aufgesucht zu werden. Und auch die räumliche Distanz zur problem-

behafteten Familie kann sich sehr positiv auswirken, wenn zwangsläufig ein Tapetenwechsel erfolgt.
Einer der wesentlichsten Gründe, warum eine ambulante Therapie einem stationären Aufenthalt vorgezogen wird, ist die Tatsache, dass berufstätige Alkoholiker Angst um ihren Arbeitsplatz haben. Dies ist allzu verständlich, denn oft ist es gerade der Arbeitsplatz, der einem eine wichtige Tagesstruktur und eine wichtige finanzielle Absicherung ermöglicht.

Ambulante Entwöhnung

Eine ambulante Entwöhnungstherapie ist ebenfalls möglich, jedoch nur, wenn der Betroffene bestimmte Voraussetzungen erfüllt, die einen Therapieerfolg in Aussicht stellen. Die erste Voraussetzung ist selbsterklärend die, dass überhaupt ein entsprechendes Angebot vor Ort angeboten wird. Was nützt es, wenn man sich zwar für eine ambulante Behandlung entscheidet, aber diese kaum erreichbar ist? Denn trotz der mittlerweile guten bundesweiten Abdeckung mit Suchtberatungsmöglichkeiten, gibt es immer noch Regionen, in denen keine ausreichende Versorgung vorhanden ist.
Gehen wir aber nun von dem Fall aus, dass es vor Ort entsprechende Einrichtungen gibt, dann sollte als nächstes abgeklärt werden, ob weitere Voraussetzungen erfüllbar sind. Da eine ambulante Therapie im Vergleich zur stationären Behandlung viele Freiräume lässt, muss unbedingt eine gewisse Selbstständigkeit und Zuverlässigkeit gegeben sein. Diese ist notwendig, damit der Betroffene seine Therapie wirklich ernst nimmt und beispielsweise die vereinbarten Beratungstermine in der Suchtberatungsstelle immer wahrnimmt. Auch die körperliche Verfassung sollte dergestalt sein, dass keine medizinische Rundum-Versorgung, wie sie in einer Suchtklinik angeboten wird, erforderlich ist.
Eine der wesentlichsten Voraussetzungen für die ambulante Entwöhnungstherapie ist schließlich, dass ein stabiles Umfeld vorhanden ist, das aus Lebenspartner, Familie oder anderen nahe stehenden Personen besteht, die die Therapie unterstützen. Sind die Angehörigen jedoch

Co-Abhängige, so benötigen diese in der Regel selbst therapeutische Hilfe und stellen in diesem Zusammenhang kein stützendes und hilfreiches Umfeld für den Alkoholiker dar.
Die ambulante Entwöhnung wird von Haus- oder Fachärzten durchgeführt, aber auch Suchtambulanzen von psychiatrischen Kliniken und Suchtberatungsstellen bieten Entwöhnungstherapien an. Meistens dauert die Therapie zwischen 12 und 18 Monaten und erfolgt ein- bis zweimal pro Woche. Je nach Situation der Beratungsstelle finden die Therapiesitzungen in Form von Einzel- oder Gruppengesprächen statt. Vorteilhaft ist hierbei, dass das gewohnte Umfeld des Patienten erhalten bleibt, und somit die Familie, Freunde etc. in die Therapie integriert werden können. Auch der Arbeitsplatz bleibt oftmals erhalten, was für viele Betroffene der Hauptgrund für eine ambulante Therapieform ist. Bei dieser Therapieform finden Therapie und Alltag parallel zueinander statt, sodass in der Therapie aktuelle Fragen und Probleme des Alltags besprochen werden können. Dies hat den entscheidenden Vorteil, dass alltagsnahe Rückfallgefährdungen sehr schnell aufgedeckt werden können, was eine zeitnahe Prävention ermöglicht. Doch man darf nicht vergessen, dass dies sehr anstrengend ist, wenn parallel zur ambulanten Therapie der gewohnte Alltag gemeistert werden muss. Es ist wirklich ganz wichtig, dass man sich dies deutlich vor Augen führt und die Gesamtsituation nicht leichtfertig unterschätzt. Denn neben der Bewältigung des Alltags mit der Ausübung seines Berufs und der regelmäßigen Therapiesitzungen kommt hinzu, dass all dies nun im nüchternen Zustand gemeistert werden muss.
Trotz einiger überzeugender Vorteile, die eine ambulante Therapie mit sich bringt, sollte man also nicht die Probleme ignorieren, die im Vergleich zu einer stationären Behandlung auftreten können. In erster Linie sind dies die suchtverstärkenden und suchterhaltenden Faktoren des Umfeldes, die z. B. in Form von trinkenden Freunden, weiterhin bestehenden familiären Problemen und alkoholnahen Veranstaltungen und Partys immer noch vorhanden sind. Sie werden nicht wie bei der stationären Behandlung ausgeschaltet. Diese Rahmenbedingungen vergrößern die Rückfallgefahr im Vergleich zu einer stationären Therapie ernorm.

Um den Erfolg der ambulanten Behandlung zu erreichen, wird stark an die Verantwortung des Patienten appelliert, indem er sich von seinen gefährdenden Situationen fernhält und die vereinbarten Suchtberatungstermine regelmäßig in Anspruch nimmt. Auch wenn die ambulante Therapie im ersten Moment möglicherweise als die einfachere Variante erscheinen mag, so birgt sie jedoch so manche Tücke und kann mitunter sogar mehr Kraft kosten als ein stationärer Aufenthalt. Wenn es beispielsweise im bisherigen gewohnten Umfeld unmöglich erscheint, über einen längeren Zeitraum nüchtern zu bleiben, wird es sinnvoll sein, sich für eine stationäre Therapie zu entscheiden. Und den Alltag und die Berufstätigkeit parallel zur Entwöhnungstherapie aufrecht zu erhalten, bedeutet ganz sicher eine enorme Kraftanstrengung, die man im Vorfeld nicht unterschätzen sollte.

Sonstiges

Begleitend zum langen Entwöhnungsprozess durch Therapien kommen gegebenenfalls auch Medikamente zum Einsatz. Medikamente, die psychische Entzugserscheinungen lindern sind hier ebenso möglich wie Medikamente, die eine Abneigung gegen Alkohol erzeugen. Antidepressiva werden dann eingesetzt, wenn eine Depression begleitend zur Alkoholsucht vorliegt oder aber durch die Alkoholkrankheit entstanden ist. So kann die Grundstimmung verbessert werden, was sich langfristig auch auf den Therapieerfolg auswirkt. Auch verschiedene Methoden aus der Naturheilkunde wie beispielsweise die Akupunktur oder die Verabreichung bestimmter Präparate können als Begleitung der Entwöhnungstherapie eingesetzt werden.

Was verbirgt sich hinter den Therapieverfahren?

So komplex sich eine Alkoholabhängigkeit darstellt, so komplex muss man ihr oftmals auch in der Behandlung begegnen. Besonders wenn man noch ganz am Anfang einer Therapie steht, läuft man schnell Gefahr, den Überblick zu verlieren. Hinzu kommen häufig Begriffe, die man nie zuvor gehört hat.
Um Ihnen hier etwas Hilfestellung zu geben, werden Ihnen nun die am häufigsten eingesetzten Therapieverfahren laienverständlich erklärt.

Welche der einzelnen Therapien eingesetzt wird, hängt von vielen Faktoren ab. Einerseits ist es die individuelle Situation, die bei der Auswahl der jeweiligen Therapie berücksichtigt werden muss, und andererseits ist es immer die Frage, welche Behandlungsformen die jeweilige Einrichtung anbietet. Da nicht jede Therapieeinrichtung über all die hier vorgestellten Behandlungsmöglichkeiten verfügt, sollten Sie sich im Vorfeld genau darüber informieren, welche Methoden die für Sie in Frage kommende Suchtklinik anwendet.

Sollten Sie sich für eine ambulante Therapie entscheiden, bedenken Sie, dass hier im Vergleich zum stationären Aufenthalt in der Regel das Therapieangebot deutlich eingeschränkt ist.

Psychotherapie

Viele Menschen, die noch nie eine Psychotherapie durchgeführt haben, bekommen schon Panik, sobald sie das Wort nur hören. Wer hat nicht dieses Bild im Kopf von einer Couch und einem daneben sitzenden Therapeuten, der das Leben seines Patienten komplett auseinanderpflückt, bis kein Stein mehr auf dem anderen liegt? Bis man am Ende sein ganzes Leben infrage stellt, weil dieses vollkommen mit Problemen zugepflastert zu sein scheint? Und natürlich ist da auch die Angst, dass unter diesen Steinen so manch unerwünschtes Ding herausgekramt wird, das man eigentlich am liebsten dort gelassen hätte. Die Gedanken an eine Psychotherapie sind bei den meisten Menschen nicht gerade positiv besetzt. So sind die Gedanken mit vielen Ängsten

und Unsicherheiten assoziiert, und im Grunde hofft man, dass man solch eine Therapie niemals im Leben absolvieren muss.
Bei einer Alkoholabhängigkeit führt allerdings meistens kein Weg daran vorbei. Denn bei dieser Krankheit liegt der Verdacht nahe, dass psychische Probleme eine ganz wichtige Rolle bei der Entstehung und Aufrechterhaltung der Erkrankung spielen. Nach heutigem Kenntnisstand geht die Wissenschaft davon aus, dass bei den meisten Alkoholikern kein Weg an einer Psychotherapie vorbeiführt, um dauerhaft trocken zu werden.
Um Ihnen ein wenig die Angst vor einer Psychotherapie zu nehmen, lassen Sie uns hinterfragen, was sich eigentlich genau hinter dieser Behandlungsform verbirgt. Ist es wirklich so schlimm, wie es nach außen oft den Anschein macht?

Letztendlich ist die Psychotherapie ein Sammelbegriff für verschiedene Methoden, die seelische Probleme aufdecken und behandeln können. Neben der Psychoanalyse gibt es die Gesprächspsychotherapie, die Verhaltenstherapie, sowie die Partner- und Familientherapie. Jede dieser Therapieformen kann als Einzel- oder Gruppensitzung erfolgen. Häufig werden verschiedene Behandlungsmethoden miteinander kombiniert.Welche der möglichen Methoden angewendet werden, hängt von den jeweiligen Kliniken ab. Da sich die Behandlungsangebote von Einrichtung zu Einrichtung gravierend unterscheiden können, sollte in der Beratungsphase genau abgeklärt werden, welche Klinik das passendste Therapiekonzept anbietet. Denn je maßgeschneiderter die Behandlungsmöglichkeiten sind, desto mehr verbessert sich die Prognose für einen dauerhaften Therapieerfolg. Eine ganze Reihe von Spezialisten kann bei diesen Gesprächen zugegen sein oder diese selbst führen. Dazu gehören Psychiater, Psychotherapeuten, Sozialpädagogen, Heilpraktiker, Ergotherapeuten oder auch Ernährungsberater.

Gesprächstherapie als Einzelsitzung

Da die Einzelpsychotherapie als eine der wichtigsten Grundlagen einer Entwöhnungstherapie zu sehen ist, wird diese in der Regel bei jedem Patienten durchgeführt. Dabei kommt es immer auf die therapeutische Notwendigkeit an, wie häufig und in welcher Form diese Sitzungen stattfinden. Man unterscheidet dabei zwischen aufarbeitenden Interventionsstrategien und Therapien, die den Patienten begleiten und stützen. In einer Gesprächstherapie wird ergründet, welche Auslöser zum Alkoholkonsum geführt haben, und warum man die Abhängigkeit überhaupt entwickelt hat. Da in diesen Gesprächen sehr persönliche Dinge zur Sprache kommen, ist es für den Therapieerfolg ganz wichtig, dass ein gesundes Vertrauensverhältnis zum Therapeuten aufgebaut werden kann. Bei schwerwiegenden Fällen, die mit Angst- und Persönlichkeitsstörungen oder schwerwiegenden Traumatisierungen einhergehen, ist meistens eine besonders intensive Einzeltherapie angezeigt.

Gruppenpsychotherapie

Als einer der wichtigsten Therapiebausteine gilt die Gruppentherapie. Zu Beginn der Therapie erfolgt eine behutsame Einführung des Patienten in die Gruppe, sodass er sich nicht überfordert fühlt und sich in das Gruppengefüge integrieren kann.
Es geht darum, sich zu öffnen und miteinander zu kommunizieren. Das fällt nicht jedem leicht. Manche müssen sich schwer überwinden, andere finden den inneren Zugang zur Gruppe nicht wirklich. Aber auch ein kleiner Schritt kann ein großer sein. Denn in der Gruppe wächst schnell ein Gemeinschaftsgefühl, das jedem Einzelnen sehr viel geben kann. Durch die Tatsache, dass man nicht alleine ist mit schlimmen Erfahrungen, Erlebnissen oder psychischen Belastungen, wird vieles einfacher. Aber es gibt auch Menschen, die sich dieser Kommunikation verschließen, nicht weil sie es absichtlich tun, sondern weil es einfach nicht geht. Vielleicht sitzt der Schmerz zu tief oder die Scham, darüber zu reden, ist unüberwindbar. Hier sind dann

Einzelgespräche sinnvoller. Wer jedoch die Chance einer Gruppentherapie nutzen möchte und kann, hat hier wertvolle Möglichkeiten, in einem einzigartigen Umfeld von seinen Erlebnissen, Hemmungen, Sorgen und Ängsten zu sprechen. Ohne befürchten zu müssen, dass irgendwelche Repressalien drohen oder dass man unangebrachte Kritik von Menschen erhält, die selbst nicht alkoholabhängig sind und somit in vielen Punkten die Probleme der Krankheit nicht nachvollziehen können, kann man sich mit ähnlich Betroffenen austauschen.
In der Gruppe sitzen Gleichgesinnte, die alle sehr ähnliche Erfahrungen aufgrund der Alkoholabhängigkeit gemacht haben. Sie alle wissen, was es heißt, wenn der Alkohol das ganze Leben bestimmt und ruiniert. Sie haben möglicherweise auch erfahren, dass der Partner aus lauter Panik heraus die Wohnung verlassen hat, dass man seinen Arbeitsplatz verloren hat, und man die eigenen Kinder nur noch wenige Male im Jahr zu Gesicht bekommt. Sie alle wissen, wie es sich anfühlt, von der Gesellschaft ‚da draußen' abgewertet und ausgegrenzt zu werden.

Ja, sie alle sitzen in demselben Boot, das sie in die Alkoholfreiheit führen soll. Durch ein funktionierendes Gruppengefüge kann ein Alkoholiker sein verlorengegangenes Selbstvertrauen wieder aufbauen, denn er erkennt, dass er mit seinen Problemen nicht alleine ist. Durch eine gut funktionierende Gruppendynamik wird er durch die Therapiewochen getragen, und in vielen Fällen entwickeln sich tiefe und wertvolle Freundschaften, die ein Leben lang anhalten.
Und hat man mal einen schwachen Moment, so findet man in der Gruppe einen festen Halt. Man fragt die anderen, wie sie mit gefährlichen Situationen umgegangen sind. Welche Vermeidungsstrategien wenden sie an, wenn es gefährlich wird? Wie war es beispielsweise gestern bei der gemeinsamen Wanderung, als man wieder diesen Saufdruck erlebte und im Wald vor lauter Panik fast verrückt geworden ist? Man ist unter Gleichgesinnten, hier traut man sich auch unangenehme Fragen zu stellen, und kann auf Antworten hoffen, mit denen man etwas anfangen kann.
Man befindet sich sozusagen ‚auf Augenhöhe' und erlebt gemein-

schaftliche Therapieerfahrungen, die das Auseinandersetzen mit seinen eigenen Schuldgefühlen und Lebensgeschichten sehr vereinfachen kann. Eine Gruppentherapie ist also äußerst wertvoll, wenn es darum geht, sich selbst besser zu verstehen und seine Probleme aufzuarbeiten. Auch durch Rollenspiele, die in Gruppentherapien durchgeführt werden, können Konflikte aufgearbeitet werden. So wird das eigene Verhalten von anderen Teilnehmern ausgewertet, und neue Erkenntnisse treten hervor. Mithilfe der Gruppentherapien soll auch das Erlernen von bestimmten sozialen Komponenten gelernt werden. Durch die Alkoholabhängigkeit sind viele Aspekte des Sozialverhaltens verlorengegangen. Möglicherweise hat man sie bisher auch noch nie im Leben gelernt. Denn wie ist das, Nein zu sagen? Oder um Hilfe zu bitten, wenn man nicht mehr weiter weiß? Es geht auch darum, zu lernen, Kritik auszuhalten und nicht gleich eingeschnappt zu sein. Man soll lernen, nicht mehr einfach ein Bier über die Probleme zu gießen, sondern sich ihnen aktiv zu stellen.

Man kann sagen, dass eine Gruppentherapie ein Übungsfeld ist, um für die Welt ‚da draußen' gewappnet zu werden. Da es wichtig ist, sich für eventuelle Rückfälle vorzubereiten, erfolgt im fortgeschrittenen Verlauf der Entwöhnungstherapie meistens eine Rückfallprävention. Hierbei werden gefährliche Situationen in der Gruppe herausgearbeitet, die als Risikosituationen empfunden werden. Um in der Praxis für derartige Situationen gewappnet zu sein, entwickelt die Gruppe alternative Verhaltensweisen, die in Rollenspielen erprobt werden können.

Die Gruppe ermöglicht darüber hinaus aber auch, dass die einzelnen Teilnehmer wertvolle Rückmeldungen und Anregungen erhalten, wie sie ihr Verhalten zukünftig verändern sollten.

Je nach Ausstattung der Suchtklinik, und abhängig von eventuell begleitenden Erkrankungen, kann es möglich sein, an sogenannten *indikativen psychotherapeutischen Gruppensitzungen* teilzunehmen. Vorausgesetzt, die Klinik bietet derartige Indikationsgruppen an, gibt es beispielsweise die Möglichkeit, an einer Gruppe teilzunehmen, die sich auf die Traumabewältigung spezialisiert und die Selbstsicherheit trainiert.

Paar- oder Familientherapie

Ergänzend zu den bereits vorgestellten Therapieverfahren wird in vielen Fällen eine Paar- oder Familientherapie durchgeführt. Die Einbeziehung der Angehörigen kann die Erfolgsaussichten auf eine dauerhafte Alkoholabstinenz deutlich erhöhen. Bei den Gesprächen wird es aber nicht nur darum gehen, wie dem Alkoholiker geholfen werden kann, sondern auch, wie sich das gesamte Familienleben verbessern lässt. Hier sollten auch Aspekte angesprochen werden, die durch eventuelle Kommunikationsprobleme oder ein zerstörtes Vertrauensverhältnis entstanden sind, denn durch die alkoholbedingte Unzuverlässigkeit, Ausreden, Leugnen etc. hat die Vertrauenswürdigkeit meistens sehr gelitten. Auch Gewaltanwendung kann ein Thema sein, wenn die Alkoholsucht diesbezüglich schlimme Auswirkungen gezeigt hat.

Wenn allen Beteiligten an einem weiteren Zusammenleben gelegen ist, dann ist es sinnvoll, alle mit einzubeziehen, um gemeinsam Wege zu finden, das Leben wieder in sicheres Fahrwasser zu bringen. Denn je stabiler das Umfeld des Alkoholikers ist, desto besser sind die Chancen auf seine dauerhafte Alkoholabstinenz.

Verhaltenstherapie

Die Verhaltenstherapie zielt darauf ab, dass der Alkoholkranke sein bisheriges Verhalten mit dem Therapeuten analysiert und für die Zukunft ein Verhalten lernt, das ihn sowohl vor Rückfällen, als auch vor einer Lebensweise schützt, die ihn in die Alkoholsucht manövriert hat. So kann er falsche Verhaltensmuster ablegen, die ihm das Leben bisher erschwert haben. Aus Forschungen ist bekannt, dass es durch einen übermäßigen Alkoholkonsum zu einem Umbau von Gehirnstrukturen kommt. Auf diesen Erkenntnissen aufbauend sollen Verhaltenstherapien dafür sorgen, dass alte Suchtmuster gelöscht und neue Verhaltensregeln erlernt werden.

Das ist mitunter ein sehr langer Prozess, denn Verhaltensmuster prägen sich sehr oft in der Kindheit und werden dann, wie selbstverständlich;

ein ganzes Leben lang ‚mitgeschleppt'. Und meistens geschieht dies ganz unbewusst, weil diese Muster in unserem Unterbewusstsein wie auf einem Chip abgespeichert sind. Aber auch das Verständnis für das eigene Ich, die Frage, was für einen selbst gut ist und was nicht, gehört zu den verhaltenstherapeutischen Ansätzen dazu. Auch die persönliche Entscheidungsfähigkeit muß reaktiviert werden. Auch das ‚Nein' und ‚Ja' sagen muss von vielen Patienten (neu) erlernt werden.

Der soziale Kontakt hat während der Alkoholsucht stark gelitten. Der Rückzug in die Isolation hat Spuren hinterlassen. Der Betroffene muss erst wieder lernen, in langsamen Schritten auf die Welt ‚da draußen' zuzugehen und mit ihr umzugehen. Auch das Selbstwertgefühl benötigt Stärkung. Denn gerade nach der Krankheit und einem erfolgreichen Entzug ist die Scham sehr groß. Aber man hat mit der Durchführung der Therapie einen sehr, sehr großen Schritt gemacht, auf den man stolz sein sollte. Daher muss ein neues Selbstvertrauen entwickelt werden, das die Entwöhnung als großen und positiven Schritt in ein neues Leben darstellt, und es nichts gibt, wofür man sich schämen müsste. Denn es ist nicht einfach, wieder da anzufangen, wo der Betroffene früher einmal aufgehört hat. Es ist ein Lernprozess, wieder mit anderen Menschen zu kommunizieren, umzugehen, Vertrauen zu schenken und sich auch gegen Anfeindungen zu wehren.

Reizexpositionsverfahren

Auch das *Reizexpositionsverfahren* gehört zu den Möglichkeiten der Psychotherapie, um Suchtkrankheiten zu behandeln. Indem der Alkoholiker lernt, wie er mit Situationen umgehen kann, die für ihn zur Belastungsprobe werden könnten, soll die Rückfälligkeit verhindert werden. Dem Alkohol zu widerstehen und andere Lösungen zu finden, besonders in der akuten Situation, ist die Prämisse dieser Therapie. Hier wird der Patient bewusst kritischen Situationen ausgesetzt, in denen das Verlangen nach Alkohol aufkommen kann, und die er mithilfe des Erlernten überwinden muss. Da man davon ausgeht, dass bei einem Alkoholiker eine sogenannte Konditionierung vorliegt, die ihn bei bestimmten Anlässen dazu verleitet, zum Alkohol zu greifen, geht es darum, diese Konditionierung zu löschen. Während der Therapie wird der Alkoholiker so lange mit den Reizen konfrontiert, bis sich sein Verlangen danach vermindert.

Kunsttherapie

Dass Kunst heilend wirken kann, ist längst in der Medizin bekannt und verankert. Dabei dienen die von den Betroffenen geschaffenen Kunstwerke (Bilder oder Skulpturen) in erster Linie als Ausdrucksmittel der eigenen Person, der Situation. Auch unverarbeitete Ereignisse können so ans Licht gebracht werden. Erstaunlicherweise kommen gerade in dieser kreativen Therapie sehr viele Menschen aus sich heraus und behalten diese eigentliche Therapieform später sogar als Freizeitbeschäftigung bei. Auch Tanzen kann unter diese Therapieform fallen, denn auch der Tanz dient als Ausdrucksmittel.

Arbeitstherapie

Der Alkohol hat den Körper und den Geist geschwächt. Daher sind auch Ergo- und Arbeitstherapien sinnvoll, um wieder die Leistungsfähigkeit zu erreichen, die im Arbeits- und Alltagsleben gebraucht wird. Auch bei bestehender Arbeitslosigkeit können durch Bewerbertrainings und Praktika wieder Möglichkeiten zur Integration in das Berufsleben geschaffen werden. Das ist sehr wichtig für den Patienten. Denn nur mit dieser Hilfe geht die soziale Eingliederung wieder voran. Auch die Unterstützung, die der Betroffene erfährt, ist ein wohltuendes Gefühl.

Bewegungstherapie

Ergänzend zu einer Psychotherapie gehören meistens auch sportliche Betätigungen zu einer langfristig angelegten Therapie. Da durch die Alkoholabhängigkeit die körperliche Leistungsfähigkeit stark beeinträchtigt wird, und auch das Loslassen und Stressabbauen gelernt sein will, bieten Suchtkliniken in der Regel Sport- und Bewegungs-

programme an, um die Kondition, Kraft und Beweglichkeit zu verbessern. Neben dem körperlichen Aufbautraining geht es auch darum, den Spaß an der Bewegung zu fördern und die Freude an körperlicher Aktivität zu aktivieren. Durch bestimmte Sportarten werden das Durchhaltevermögen, aber auch die Durchsetzungsfähigkeit und Gruppenzugehörigkeit geschult.
Häufig werden als Ergänzung auch spezielle Kurse wie Wirbelsäulengymnastik, Pilates, oder Yoga angeboten.
Da die körperliche Leistungsfähigkeit der teilnehmenden Patienten sehr unterschiedlich ist, werden je nach Größe der Klinik Kurse mit einer unterschiedlichen Belastungsintensität angeboten.

Heimattage

In einigen Suchtkliniken gehört es zum Behandlungskonzept, dass kurz vor Ende der stationären Therapie Heimattage erfolgen. Während dieser Tage soll geprobt werden, wie sich das gewohnte Umfeld als trockener Alkoholiker anfühlt. Wie lassen sich die in der Klinik gemachten Erfahrungen und Lernprozesse nun in der gewohnten Umgebung umsetzen? Gibt es besondere Stolperfallen, die noch nicht bedacht wurden? Falls es während der Heimattage zu Problemsituationen kommt, werden diese anschließend während der noch verbleibenden Zeit in der Klinik mit den behandelnden Therapeuten besprochen und aufgearbeitet.

Damit die Heimattage ein festes Gerüst erhalten, an dem sich der Alkoholiker festhalten kann, werden diese bereits im Vorfeld in Absprache mit dem Therapeuten strukturiert. Neben einigen persönlich festgelegten Punkten gibt der Therapeut feste Anweisungen vor, die während der Heimattage eingehalten werden müssen. Unter anderem gehört dazu, dass die örtliche Suchtberatungsstelle aufgesucht wird, die den Klinikaufenthalt veranlasst hat. Wenn finanzielle oder familiäre Angelegenheiten zu klären sind, werden diese während dieser Heimattage geklärt.

Sonstiges

Die unterschiedlichen Therapieformen müssen nicht zwingend einzeln und allein stehend sein. Eine Kombination mehrerer Möglichkeiten ist sogar sinnvoll, denn genauso, wie der Patient an sich ein komplexes Individuum darstellt, so sollten auch die Therapiemaßnahmen so angelegt sein, dass sie mehrere relevante Bereiche abdecken können. Erfahrungen mit Suchtpatienten zeigen immer wieder, dass insbesondere Kombinationsprogramme, die mehrere Einzelbausteine enthalten, erfolgreich sind.

Behandlung: 4. Schritt – Die Nachsorge und ambulante Weiterbehandlung

Wenn Sie nun an diesem Punkt angekommen sind, haben Sie schon viele wichtige Veränderungen in Ihrem Leben erreicht, die Sie in eine weite Entfernung vom Alkohol gebracht haben. Dennoch dürfen Sie sich jetzt nicht in Sicherheit wiegen. Das gilt umso mehr, wenn Sie sich durch die bisherige Therapie stark und fit fühlen. Denn in diesen Situationen wird man allzu schnell leichtsinnig und erliegt dem fatalen Irrtum, dass man sich jetzt wieder in der Lage sieht, mit Alkohol in kontrolliertem Maße umgehen zu können. Eins ist sicher: Kaum ein Alkoholiker wird jemals in der Lage sein, kontrolliert zu trinken. Ziel muss es daher sein, lebenslänglich abstinent zu leben. Und um das zu erreichen, indem die Abstinenz stabilisiert und ein Rückfall verhindert werden soll, ist die Weiterbehandlung in Form der Nachsorge im Anschluss an die Entwöhnungstherapie von so großer Bedeutung.

Seien Sie sich auch bewusst darüber, dass insbesondere in den ersten Monaten eine besonders große Gefahr besteht, dass ein Rückfall auftreten kann. Die Gründe hierfür sind vielfältig, aber häufig sind es schon die kleinsten Probleme oder Frustrationserlebnisse, die den Griff zurück zur Flasche auslösen.

Wer aus einem langen Aufenthalt in einer Suchtklinik oder einer vergleichbaren Einrichtung in ‚die Freiheit' entlassen wird, muss sich erst in vielen Bereichen neu orientieren. Denn zu sehr wurde das

Leben vor der Therapie durch den Alkohol bestimmt. Das bedeutet, dass das alkoholfreie Leben neu gestaltet werden muss. Der ganze Tagesablauf wird möglicherweise ein anderer werden als noch vor der Therapie. Wahrscheinlich sind auch diverse organisatorische Dinge zu erledigen, wie Besuche bei bestimmten Ämtern und das Ausfüllen von lästigen Formularen. Das kann nicht nur ziemlich nervig sein, sondern auch zu mancher Situation der Überforderung führen. Insbesondere, wenn es um sozialhilferechtliche Angelegenheiten geht, wie beispielsweise Startbeihilfen für die Zeit nach der Entwöhnungstherapie oder Bekleidungsbeihilfen, oder wenn noch rechtliche Fragen aufgrund der Alkoholsucht zu klären sind, kann dies als unüberwindbares Problem empfunden werden.

Hinzu kommt auch, dass sich auch die Familie nun an den alkoholfreien Angehörigen gewöhnen muss. Aber die Gefahr, dass man sich gegenseitig überfordert, weil die Erwartungen zu hoch sind, ist in diesem Moment auch sehr groß.

Eine besondere Herausforderung besteht in der Regel immer dann, wenn die Rückkehr an die Arbeitsstelle bevorsteht. Wie reagieren die Kollegen, wer von ihnen weiß was und wie viel? Eine noch größere Herausforderung besteht dann, wenn der alte Arbeitsplatz aufgrund der Alkoholabhängigkeit verlorengegangen ist und nun der Antritt einer neuen Arbeitsstelle ansteht. Oder möglicherweise droht erst einmal die Arbeitslosigkeit.

Sie sehen – die Zeit nach der Entwöhnungsphase birgt so manche Stolpersteine und Hindernisse. Da ist es verständlich, dass altbekannte Ängste hochkommen, und man sich schnell hilflos fühlt. All dies birgt das große Risiko, dass sich noch ein Rückfall hinzugesellt.

Damit Sie sich nicht alleingelassen fühlen mit Ihrer Situation ist es wichtig, rechtzeitig für entsprechende Anlaufstellen zu sorgen, wo man Ihnen mit all Ihren Sorgen und Nöten helfen kann. Dies ist Sinn und Zweck der Nachsorgeeinrichtungen. Aber es geht hier auch darum, dass Ihre vielen Erfolge, die Sie während der Entwöhnungsphase erreicht haben, in dieser Zeit gefestigt werden.

Sorgen Sie mithilfe der Suchtklinik oder der ambulanten Suchtberatung dafür, dass Sie im Anschluss an die Entwöhnungsphase eine für

Sie passende Nachsorgebehandlung erhalten. Je nach Ihren persönlichen Bedürfnissen kann diese in ambulanten oder teilstationären Nachsorgeeinrichtungen erfolgen. Meistens findet die Nachsorge in Beratungsstellen für Suchterkrankte statt. In Einzelfällen kann es auch sinnvoll sein, die Nachsorge stationär durchzuführen oder zumindest vorübergehend ein Angebot für betreutes Wohnen in Form eines sozialtherapeutischen Wohnheims in Anspruch zu nehmen. Besprechen Sie diese Möglichkeiten mit Ihren behandelnden Therapeuten, die Sie während der Entwöhnungsphase begleiten. Denn sie haben viel Erfahrung und können Ihre Situation mit all Ihren persönlichen Chancen, aber auch Risiken gut einschätzen. Sie werden auch dabei helfen, dass Sie Ihre vielen Angelegenheiten einschließlich unliebsamer sozialer Umstände wieder eigenständig regeln können.
In der Regel wird die Nachsorge durch einen regelmäßigen Besuch einer Selbsthilfegruppe unterstützt.

Selbsthilfegruppen – eine oft unterschätzte großartige Hilfe

Man ist nicht allein – das ist oft die erste Erkenntnis, die man gewinnt, wenn man sich einer Selbsthilfegruppe anschließt, in der man Gleichgesinnte trifft. Der Erfahrungsaustausch mit ebenso erkrankten Menschen ist oft eine unvorstellbare Hilfe. Gerade wenn man alkoholabhängig ist und mit seinem Problem nicht nach außen treten möchte, indem man Freunde und Bekannte mit der Krankheit konfrontiert, kann der Kontakt zu Gleichgesinnten die ganz ähnliche Erfahrungen gemacht haben, eine wertvolle Stütze sein. Dies gilt umso mehr, wenn das ‚Aufgehobensein' auf ärztlicher Seite fehlt, und es in der behandelnden Praxis hauptsächlich um die ‚technische Abwicklung' der ‚Krankheit' geht. Aber auch als Ergänzung zur ärztlichen Beratung ist eine Selbsthilfegruppe äußerst wertvoll. Menschen, die sich Selbsthilfegruppen anschließen, haben gemeinsam, dass sie sich mit Gleichgesinnten austauschen möchten, Ratschläge suchen und auch welche geben können. Selbsthilfe ist ein Geben und Nehmen, man teilt die Probleme und steht nicht mehr allein da mit seinen Sorgen und Nöten, die die Alkoholabhängigkeit mit sich bringt. Die wichtigste Vorausset-

zung zur Teilnahme ist der Wille, dass man sich selbst helfen möchte, denn nur mit Eigenverantwortung wird die Mitgliedschaft in einer Selbsthilfegruppe von Erfolg gekrönt sein. Wenn Sie neu zu einer Gruppe stoßen, können Sie davon ausgehen, dass Ihre Leidensgenossen Ihnen schon einige Zeit an Erfahrung voraushaben. Sie kennen möglicherweise gute Tipps, können Ihnen wertvolle Adressen empfehlen und auf Ihre Probleme eingehen, wie kein anderer. Denn wer kann einen besser verstehen als jemand, der dieselben Probleme hat wie man selbst? Und ist es nicht ideal, wenn Sie aus den Erfahrungen anderer lernen können?
Ratschläge, die Sie in gut organisierten Gruppen erhalten, sind oft so wertvoll, dass Sie sich womöglich ärgern werden, den Schritt in eine Selbsthilfegruppe nicht schon viel eher gegangen zu sein. Möglicherweise hätte Ihnen das viel Leid, Zeit und Geld erspart, wenn Sie das hier erlangte Wissen schon viel früher erhalten hätten. Sicher, Sie haben anfangs mühevoll versucht, Ihre Krankheit selbst in den Griff zu bekommen, das ist nur allzu verständlich. Aber warum soll man sich das Leben unnötig schwer machen, wenn man auf so wertvolle Erfahrungen Gleichgesinnter zurückgreifen kann? Warum soll man daheim allein mit seinen Sorgen kämpfen und versuchen, das Rad neu zu erfinden, wo es doch so viele weitere tausende ebenfalls betroffene Alkoholabhängige gibt, die dieses Schicksal mit einem teilen?

Aus Erfahrung zeigt sich immer wieder, dass der Austausch mit Gleichgesinnten eine enorme Unterstützung sein kann. Denn bei Personen, die sich genauso wie Sie mit den Sorgen einer Alkoholsucht auseinandersetzen, können Sie sicher sein, dass diese eine ehrliche Meinung ohne weitere Interessen kundtun. Und außerdem erfahren Sie hier auch meistens ganz unverblümt und ehrlich, welche Methoden und Hilfestellungen bei ihnen gewirkt haben und welche nicht. Auch die hier erhältlichen Empfehlungen über gute Therapeuten und Kliniken sind mit Geld nicht zu bezahlen. Die bekannteste Gruppe ist die der Anonymen Alkoholiker. Darüber hinaus gibt es aber auch das Blaue Kreuz, Freundeskreise, den Kreuzbund und die Guttempler, sowie viele regionale Anbieter. Hier treffen sich trockene als auch

nicht-trockene Alkoholiker.
Auch nach einer Therapie ist der weitere Besuch einer Selbsthilfegruppe angeraten, um sich selbst zu stabilisieren und einen Auffangpunkt in schwierigen Situationen zu haben. Einige Selbsthilfegruppen bieten die Möglichkeiten, auch die Familie einzubinden. Aber es gibt auch speziell für Familienangehörige und insbesondere für Co-Abhängige separate Therapiemöglichkeiten und Selbsthilfegruppen wie beispielsweise die Al-Anon.
Ob in Ihrer Nähe eine für Sie passende Selbsthilfegruppe existiert, erfahren Sie über das Gesundheitsamt Ihrer Stadt oder Ihres Kreises bzw. das Internet. Wenn Sie keine passende Gruppe in Ihrer Region finden, können Sie selbst auch die Initiative übernehmen und eine Gruppe gründen. Wenden Sie sich dafür an die entsprechende Anlaufstelle Ihrer Stadt. Wenn Sie die Selbsthilfegruppe zum ersten Mal aufsuchen, lassen Sie Ihre Scham zuhause. Denken Sie daran, dass hier nur Menschen sitzen, die genau die gleichen Probleme haben wie Sie. Und wer wird Sie am besten verstehen? Ja, die Menschen, die genau wissen, was Sie schon durchgemacht haben oder in welcher Situation Sie sich gerade noch befinden. So wird Sie bei Ihrem ersten Besuch auch niemand kritisieren, falls Sie noch nicht im nüchternen Zustand kommen sollten. Alles in einer Selbsthilfegruppe verläuft völlig unverbindlich – und weitestgehend auch anonym.

Gibt es begleitende Maßnahmen aus der Naturheilkunde?

Die Nachfrage nach naturheilkundlichen Behandlungsmöglichkeiten nimmt in Deutschland stetig zu. Besonders Patienten, die von einer langwierigen oder sogar chronischen Erkrankung betroffen sind, suchen nach sinnvollen Alternativen, um den vielfachen Nebenwirkungen chemisch hergestellter Medikamente aus dem Wege zu gehen oder diese zumindest zu lindern.
Aber auch der Wunsch, der Erkrankung nicht als passiver Patient ausgeliefert zu sein, ist für manche Betroffenen eine wichtige Motivation, sich in Eigenregie um Behandlungsalternativen zu bemühen. Denn wer sich für eine naturheilkundliche Behandlung entscheidet,

ist positiv motiviert, sich für seinen Gesundungsprozess aktiv einzusetzen. Wie Erfahrungen immer wieder zeigen, kann die Naturheilkunde gerade bei chronischen Erkrankungen oft sehr beeindruckende und erstaunliche Erfolge erreichen, die zu einer deutlichen Verbesserung der Lebensqualität und einem beschleunigten Heilungsverlauf führen. Bei Alkoholikern geht es häufig darum, mithilfe der Naturheilkunde die Entzugserscheinungen und den Saufdruck zu mildern. Bei der Alkoholabhängigkeit ist es in der Regel erforderlich, dass man das Behandlungskonzept auf mehreren Säulen aufbaut. Die jeweiligen Maßnahmen wirken dabei gemeinsam oder können sich gegenseitig ergänzen.

Während man bei vielen chronischen Krankheiten naturheilkundliche Methoden als flankierende Maßnahmen einsetzt, findet dies bei Alkoholabhängigkeit noch vergleichsweise selten statt. Dabei kann auch bei Alkoholikern eine sinnvolle Therapiebegleitung durch verschiedene naturheilkundliche Verfahren erfolgen. Häufig geschieht dies durch eine Kombination von mehreren Verfahren, weil durch den Alkoholkonsum der gesamte Organismus betroffen ist. So wird ein erfahrener Therapeut ein speziell auf den Patienten abgestimmtes naturheilkundliches Konzept erarbeiten.
Wenn die Naturheilkunde bei einem Alkoholiker zum Einsatz kommt, geht es in der Regel um die Behandlung der auftretenden Symptome und nicht in erster Linie um die Behandlung der Sucht als solche. Wenn es durch den Alkoholkonsum zu Organschädigungen oder sonstigen gesundheitlichen Beeinträchtigungen gekommen ist, bieten einige Methoden eine sinnvolle Unterstützung. Allein wenn man bedenkt, dass durch den Alkohol sehr häufig die Leber in Mitleidenschaft gezogen wird, sollte eine eventuell notwendige medikamentöse Behandlung eines Alkoholikers sehr behutsam angegangen werden. So kann allein schon die Schonung der Leber ein wesentlicher Grund sein, der für die Maßnahmen der Naturheilkunde spricht.
Bedenken Sie aber immer, dass auch diese Verfahren durchaus Nebenwirkungen mit sich bringen können oder unerwünschte Wechselwirkungen mit anderen Präparaten möglich sind. Außerdem gibt es

leider auch immer wieder Therapieverfahren, die von zweifelhaftem Nutzen sind und nicht nur viel Geld kosten können, sondern auch gefährlich sind. Daher ist es immer etwas schwierig, die jeweils sinnvolle Methode für sich herauszufinden.

Meistens müssen Therapien und Präparate aus dem naturheilkundlichen Bereich größtenteils selbst finanziert werden. Aber wenn dies mit einer verbesserten Gesundheit belohnt wird, ist man auch bereit, dies zu leisten. Abgesehen von diesen Überlegungen sind naturheilkundliche Behandlungsverfahren in vielen Fällen sehr willkommene Möglichkeiten, um die Erkrankung noch besser in den Griff zu bekommen.
Zur Behandlung einer Alkoholabhängigkeit gibt es noch nicht ein so umfangreiches naturheilkundliches Behandlungsspektrum wie bei vielen anderen organisch bedingten Erkrankungen. Dennoch ist es in vielen Fällen möglich, mit bestimmten naturheilkundlichen Präparaten positiv auf den Gesundungsprozess einzuwirken.
Die in diesem Kapitel vorgestellten Möglichkeiten aus der Naturheilkunde decken bei weitem nicht das ganze Spektrum ab. Sicher gibt es darüber hinaus auch noch weitere sinnvolle Behandlungsmöglichkeiten.
Grundsätzlich sollten derartige Maßnahmen immer durch den behandelnden Therapeuten begleitet werden, der die Alkoholsucht behandelt. Derzeit ist allerdings die Situation noch sehr unbefriedigend, weil sich die meisten von ihnen mit dem Thema Naturheilkunde nicht auseinandersetzen und in der Regel immer auf ihre wissenschaftlich begründeten Behandlungskonzepte verweisen. Manchmal kann es daher tatsächlich sinnvoll sein, einen längeren Anfahrtsweg in Kauf zu nehmen, wenn man sich bezüglich der Naturheilkunde bei einem weiter entfernt ansässigen Therapeuten besser aufgehoben fühlt.
Zusammenfassend kann zum Wohle der Patienten nur dafür plädiert werden, bei der Alkoholabhängigkeit eine Kombination von herkömmlichen schulmedizinischen Therapiekonzepten in Einklang mit naturheilkundlichen Möglichkeiten anzustreben. Insbesondere wenn es um die alleinige Verabreichung von Psychopharmaka geht, die immer

wieder von Alkoholikern beklagt wird, darf dies nicht die einzige Antwort auf die Erkrankung sein.

Homöopathie

Die Homöopathie ist bereits seit 200 Jahren bekannt und wurde von dem Arzt Samuel Hahnemann (1756–1843) entwickelt. Heutzutage gehört sie zu den bekanntesten Verfahren der Naturheilkunde. Da sie nur äußerst selten zu unerwünschten Nebenwirkungen führt, und der Körper nicht belastet wird, ist die Homöopathie eine so beliebte Behandlungsmethode. Vielfach ist gar nicht bekannt, dass Samuel Hahnemann einer der psychiatrischen Pioniere schlechthin war, und er viele psychisch erkrankte Menschen behandelt hat. So waren viele seiner Patienten an einer körperlich verursachten Psychose erkrankt. Somit hat die Homöopathie schon seit ihrer Begründung vielen psychisch erkrankten Menschen geholfen. Und auch vielen heutzutage tätigen homöopathisch arbeitenden Therapeuten ist bewusst, dass sie mit der Homöopathie Psychotherapien sehr effektiv ergänzen können.

So kann die Homöopathie bei Alkoholabhängigkeit häufig als wirksame begleitende Behandlung eingesetzt werden. Hierfür werden vom Therapeuten individuell angezeigte homöopathisch wirkende Substanzen herausgearbeitet.
Diese sollen die Selbstregulation des gesamten Organismus anregen. Welche homöopathischen Mittel und welche Potenz letztendlich eingesetzt werden, legt der erfahrene homöopathisch arbeitende Therapeut fest und sollte auf keinen Fall in Eigenregie erfolgen.
Als bewährte Mittel bei der Alkoholabhängigkeit gelten *Antimonium tartaricum, Anacardium, Nux vomica, Kalium bicromicum, Lachesis* und *Acidum sulfuricum*.
Eines der ältesten Mittel, das bei Suchterkrankungen eingesetzt wird, ist der Hafer, der in Asien schon seit vielen Jahrhunderten bei der Entwöhnung von Opium verwendet wird. Auch der Saufdruck soll hierdurch gelindert werden, sodass das Verlangen, zur Flasche zu greifen, während des Entzugs und danach, abgemildert werden kann.

Hinzu kommt eine positive Wirkung auf die Psyche, die durch Hafer stabilisiert werden soll. Hafer gibt es als homöopathische Urtinktur und trägt die Bezeichnung *Avena sativa Urtinktur*.
Homöopathische Präparate haben die Eigenschaft, dass ihre Wirksamkeit durch verschiedene Substanzen abgeschwächt werden kann. Dies gilt beispielsweise bei bestimmten Medikamenten wie u. a. bei Neuroleptika, aber auch bei Kaffee und bestimmten Hustensaftsorten. Sprechen Sie diesbezüglich Ihren behandelnden Homöopathen an.
Die Homöopathie handelt nach der Ähnlichkeitsregel, die besagt, dass die verabreichten Substanzen zu ähnlichen Symptomen führen, wie sie für eine bestimmte Krankheit typisch sind. Oder anders ausgedrückt: Ähnliches werde durch Ähnliches geheilt. Die durch die Homöopathie übermittelten Heilinformationen sind zwar chemisch nicht mehr messbar, aber durch physikalische Schwingungsmuster erzeugen sie ihre Wirkung. So darf ihre Verwendung bei psychiatrischen Erkrankungen keinesfalls in Eigenregie erfolgen und als harmlos betrachtet werden.
Von Kritikern wird immer wieder der angebliche Placebo-Effekt der Homoöpathie thematisiert, auf den die Wirkung der homöopathischen Substanzen zurückzuführen sei. Da die Homöopathie allerdings sehr erfolgreich auch bei Tieren und kleinen Kindern eingesetzt werden kann, dürfte dies Beweis genug dafür sein, dass es sich bei der Homöopathie nicht um eine Placebo-Wirkung handeln kann.
Einen nahezu wissenschaftlichen Beweis für die Wirksamkeit von homöopathischen Mitteln lieferte unlängst ein Nobelpreisträger. Denn im Juli 2010 veröffentlichte der französische Virologe und Nobelpreisträger Luc Montagnier seine Entdeckung, dass Wasser über eine Art Gedächtnis verfüge und auch nach vielfachen Verdünnungen dieses immer noch vorhanden sei. Diese Erkenntnis galt bisweilen immer als eine Vorstellung von esoterisch ausgerichteten Menschen. Durch die Entdeckung von Luc Montagnier gewinnt diese Erkenntnis nun ganz andere Dimensionen und unterstützt zweifelsohne die Denkweise der Homöopathie.
Im Übrigen gilt die Homöopathie in vielen anderen Ländern als höchst wirksam. So bildet die Homöopathie in Brasilien immerhin eine eigen-

ständige medizinische Fachrichtung, und ca. 15.000 homöopathisch approbierte Fachärzte sind in Brasilien tätig.

Phytotherapie

Hinter der Bezeichnung ‚Phytotherapie' verbergen sich mehr als 30.000 unterschiedliche pflanzliche Substanzen. Die Verwendung von pflanzlichen Produkten zu medizinischen Zwecken zählt zu den ältesten bekannten Therapieformen der Menschheit. Verschiedene Methoden der Volksmedizin basieren auf den Erfahrungen dieser Kräuterheilkunde wie u.a. die Traditionelle Chinesische Medizin (TCM), die ayurvedische Medizin und die Klosterheilkunde.
Vielfach ist die Tatsache nicht bekannt, dass auch viele Präparate der klassischen Pharmaindustrie auf der Nutzung von Pflanzen basieren. Dabei verwenden die Hersteller als Produktionsbasis ganze Bestandteile oder Auszüge für die Entwicklung ihrer Medikamente.
Oftmals dienen die pflanzlichen Bestandteile auch als Basis, um gleichwertige Wirkstoffe auf synthetischem Wege herzustellen. Der Vorteil dieser Methode wird damit erklärt, dass sich durch die synthetische Herstellung genaue Dosierungen festlegen lassen, während es bei natürlich vorkommenden Wirkstoffen immer zu Schwankungen kommt. Nachvollziehbar sind aber auch Erklärungen, die davon ausgehen, dass durch die synthetische Herstellung in Verbindung mit patentierbaren Präparaten die Wirtschaftlichkeit eine wichtige Rolle spielen könnte.
Häufig wird angenommen, dass pflanzliche Mittel ohne jegliche Nebenwirkungen angewendet werden können und sich in jedem Fall zur zeitlich unbefristeten Selbstmedikation eignen würden. Leider können jedoch auch Phytotherapeutika zu unerwünschten Nebenwirkungen führen, wenn auch in der Regel in deutlich abgeschwächter Form im Vergleich zu synthetischen Medikamenten. Dies gilt beispielsweise dann, wenn diese zu leichtfertig verwendet werden oder eine Gefahr von Wechselwirkungen mit anderen Medikamenten besteht. Daher ist eine Rücksprache mit dem behandelnden Arzt auch bei der Einnahme von frei verkäuflichen Präparaten immer anzuraten.

Die Eigenschaften der Phytotherapeutika sind äußerst vielseitig, sodass man auch bei der Alkoholabhängigkeit nicht ein ganz spezielles Präparat für alle Patienten gleich empfehlen kann. Für die Auswahl der Präparate muss die Gesamtsituation des Patienten berücksichtigt und hinterfragt werden. Welches Ziel soll mit der Therapie erreicht werden? Ist es beispielsweise wichtig, Schmerzen zu lindern, die Abwehrkräfte zu stärken, ein spezielles Organ zu unterstützen?
In der Literatur werden diverse pflanzliche Substanzen diskutiert, die sich positiv bei der Behandlung von Alkoholsucht auswirken. Insbesondere kommt die Mariendistel bei der Alkoholabhängigkeit zum Einsatz, da sie eines der wirksamsten Mittel ist, um die Leber zu unterstützen. Die Mariendistel ist in der Lage, die Entgiftungsleistung der Leber und schlechte Leberwerte nachhaltig zu verbessern. Darüber hinaus wird das Wachstum von gesunden Leberzellen angeregt. Geht es darum, Schmerzen zu lindern, eignen sich beispielsweise Melisse und Gänsefingerkraut.
Ergänzend können die weiteren Verdauungs- und Entgiftungsorgane mit diversen Pflanzenextrakten angeregt werden. Hier eignen sich insbesondere Schafgarbe, Kamille und Pfefferminz für den Darm, Goldrute für die Nieren und Löwenzahn für die Leber. Sollte es zu Übelkeit kommen, kann diese mit Ingwertee gelindert werden. Hierfür wird eine etwa 1 cm dicke Ingwerscheibe in heißes Wasser eingelegt und nach etwa 10 Minuten Einwirkzeit als Tee getrunken.
Viele Heilpflanzen eignen sich hervorragend dazu, als Tee zubereitet zu werden. Diese sollten kurweise angewendet werden, indem täglich ein halber Liter getrunken wird.

Physikalische Anwendungen

Durch verschiedene physikalische Anwendungen kann das gesundheitliche Wohlbefinden unterstützt werden. Hier kommen beispielsweise Massagen, Packungen, Bäder, Saunagänge und Infrarotkabinen in Betracht.
Da die Leber aufgrund des Alkoholkonsums zu den besonders strapazierten Organen gehört, sollte man ihre Funktionsleistungen durch

möglichst viele Methoden unterstützen.
Eines der ältesten Hausmittel, das auch heute noch Verwendung in naturheilkundlichen Praxen findet, ist der Leberwickel. Durch ihn wird die Durchblutung der Leber deutlich gesteigert, was zu einer verbesserten Entgiftungsfunktion führt.
Für den Leberwickel benötigt man ein großes Leinentuch, ein noch größeres Badetuch, eine Wärmflasche und eine Decke. Die Wärmflasche wird mit heißem (nicht kochendem) Wasser etwa 3/4 gefüllt und anschließend in das feuchte Leinenhandtuch gewickelt. Auf dem Rücken liegend wird die eingewickelte Wärmflasche auf die Leber (unterhalb des rechten Rippenbogens) gelegt und mit dem trockenen Badetuch und anschließend der Bettdecke zugedeckt. In dieser Position bleibt man 30 bis 60 Minuten lang liegen. Da man oftmals in dieser Lage einschläft, kann es sinnvoll sein, einen Wecker zu stellen.

Traditionelle Chinesische Medizin (TCM)

Irrtümlicherweise gehen viele Menschen davon aus, dass die Traditionelle Chinesische Medizin (TCM) lediglich aus der Akupunktur besteht. Darüber hinaus gibt es aber auch noch die Akupressur, die Moxibustion und die Kräutertherapie, die in China vorrangig angewandt wird. Bei der Behandlung der Alkoholabhängigkeit kann durch eine Kombination dieser Verfahren eine Stärkung der Gesamtkonstitution erreicht werden.
Da insbesondere die chinesische Kräutertherapie sehr komplex ist und eines umfangreichen Erfahrungsschatzes bedarf, sollte man sich an einen auf dieses Thema spezialisierten Therapeuten wenden.

Akupunktur

Die Akupunktur ist ein Therapieverfahren, das seit über 2.000 Jahren in der TCM angewandt wird. Mittlerweile schätzen auch viele naturheilkundlich orientierte Therapeuten die Akupunktur bei einer Vielzahl von Erkrankungen. Die Akupunktur geht davon aus, dass Meridiane Kanäle im Körper sind, durch die die Lebensenergie Qi fließt. Jeder Meridian ist mit einer Organgruppe oder einem einzelnen Organ verbunden, sodass über die Stimulierung des Meridians die verschiedenen Körperregionen erreicht werden können. Bei der Alkoholabhängigkeit geht es am Anfang insbesondere darum, die vorhandenen Blockaden aufzulösen, damit der Energiefluss wieder ungehindert vonstattengehen kann.

Die Akupunktur ist eine Reiz- bzw. Regulationstherapie, die anhand von 15 bis 20 Akupunkturnadeln durchgeführt wird. Es sollten immer so wenige Nadeln wie möglich gesetzt werden, aber in Einzelfällen kann eine höhere Anzahl erforderlich sein. Die Nadeln werden je nach Beschwerdebild an den entsprechenden Meridianen leicht in die Haut gepiekst. Somit werden die jeweiligen Organe in ihrer Aktivität angeregt und die Selbstheilungskräfte aktiviert.

Auch wenn bis heute nach dem westlichen Medizinverständnis viele wissenschaftliche Nachweise für ihre Wirksamkeit fehlen, so wird die Akupunktur sehr erfolgreich bei zahlreichen Krankheiten eingesetzt, zunehmend auch in der westlichen Medizin. Auch bei der Behandlung von Süchten kommt sie zum Einsatz, am bekanntesten sind ihre Erfolge bei der Raucherentwöhnung, wo es oftmals nicht nur zur Reduzierung des Suchtverlangens kommt, sondern auch zur völligen Abstinenz. Auch in der Schmerzbehandlung und in der Anregung der Selbstheilungskräfte ist bekannt, dass große Erfolge erzielt werden können.

Bei Alkoholabhängigkeit wird die Akupunktur häufig als ergänzende Maßnahme zu anderen Methoden eingesetzt. Neben dem verminderten Verlangen nach Alkohol kann sie auch zur Linderung von Depressionen und Angstzuständen führen. Auch Entzugssymptome wie Zittern, Schweißausbrüche und Müdigkeit können reduziert werden.

Eine Akupunkturtherapie besteht insgesamt aus 10 bis 15 Sitzungen. Jede Anwendung dauert etwa 30 Minuten und wird meistens in bequemer Liegeposition durchgeführt.

Bei der Ohrakupunktur findet die Anwendung im Sitzen statt, indem nur Akupunkturpunkte am Ohr behandelt werden. Diese Art der Akupunktur wurde von dem französischen Arzt Dr. Nogier entwickelt, als er feststellte, dass sich in den Ohren Reflexzonen befinden, die den

gesamten Körper erreichen. Die moderne Medizin hat die klassische Akupunktur in einigen Punkten weiterentwickelt. So werden anhand von Laser- oder Elektroakpunkturanwendungen die Meridiane nicht durch Nadeln aktiviert, sondern durch Elektro- bzw. Laserenergie.
Da die meisten Alkoholiker ein überdurchschnittlich ausgeprägtes Schmerzempfinden aufweisen, kommt mittlerweile sehr häufig die schmerzfreie Laserakupunktur anstelle der klassischen Nadel-Akupunktur zum Einsatz. Die erhöhte Schmerzempfindlichkeit wird darauf zurückgeführt, dass viele Meridiane des Körpers blockiert sind.

Akupressur

Auch die Akupressur ist eine Heilmethode der TCM. Anstatt mit Akupunkturnadeln werden die Meridiane durch eine punktuelle Druckmassage der Fingerkuppen aktiviert.
Da sie also ohne Geräte oder andere Hilfsmittel angewendet werden kann, ist sie in einigen Fällen eine ideale Methode für eine schmerzfreie Anwendung, die auch als Selbstbehandlung möglich ist. Hierfür wird der jeweilige Punkt mit kreisenden Bewegungen kräftig gedrückt. Mit dieser einfachen Methode kann man auch bei plötzlich auftretenden Beschwerden sofort für eine Linderung sorgen. Voraussetzung ist, dass man die jeweils wichtigen Akupressurpunkte kennt. Ist man z. B. von plötzlicher Müdigkeit betroffen, was bei Alkoholabhängigkeit keine Seltenheit ist, kann es hilfreich sein, beide Ohrläppchen mit den Daumen und Zeigefingern zu massieren und anschließend ein paar Mal an den Ohrläppchen zu ziehen.
Da es über 400 Akupressur- bzw. Akupunkturpunkte gibt, ist es unerlässlich, sich anhand entsprechender Literatur zu informieren. Trotz der Möglichkeit, Akupressur in Eigenregie anzuwenden, sollten Sie immer Rücksprache mit Ihrem Arzt halten.
In den vergangenen Jahren wurde die Akupressur in einigen Punkten verändert oder vereinfacht. So haben die inzwischen bekannten Methoden Klopf- Akupressur und Thought Field Therapy ihre Basis in der klassischen Akupressur.
Auch in Form einer Massage kann die Akupressur angewandt werden.

Diese erfolgt entlang des Rückens, um schmerzhafte Bauchkrämpfe zu lindern. In vielen Fällen lassen die Schmerzen bereits innerhalb der ersten 5 Minuten der Akupressur-Massage nach. Die Schmerzlinderung hält anschließend zwischen 3 und 6 Stunden lang an.

Anthroposophische Medizin

Mitunter zeigen Therapieansätze auf anthroposophischer Grundlage bei der begleitenden Behandlung der Alkoholsucht gute Erfolge.
Der Begründer der Anthroposophischen Heilkunde, Rudolf Steiner, verstand seine Ausrichtung als eine Erweiterung der konventionellen Medizin. Bei der Anthroposophischen Medizin steht die Aktivierung der Selbstheilungskräfte des Organismus im Mittelpunkt. Ziel ist es, diese zu aktivieren und zu unterstützen, indem Körper, Geist und Seele gleichermaßen in das Behandlungskonzept einbezogen werden, um eine Harmonisierung des Organismus zu erreichen. Krankheiten werden hier als eine Äußerung der Seele und des Geistes gesehen.
Wichtige Bestandteile der Anthroposophischen Medizin sind physikalische und künstlerische Therapien. Auch die Gesprächstherapie, Heileurythmie und rhythmische Massagen werden eingesetzt. Es gibt eigens hergestellte anthroposophische Arzneimittel, von denen viele auf homöopathischer Basis verabreicht werden.
Die Anthroposophische Medizin baut ihre Theorie auf der Lehre von den vier Ebenen der Wirklichkeit auf. Diese vier Ebenen sind der physische, der ätherische und der astralische Leib, sowie das Ich.
Eine Krankheit entwickelt sich nach Ansicht der Anthroposophischen Medizin aus einer gestörten Wechselwirkung dieser vier Ebenen untereinander. Eine Therapie auf anthroposophischer Grundlage zielt also immer darauf ab, die gesunde Wechselwirkung der vier Ebenen wieder herzustellen. Dies geschieht sowohl durch homöopathische Arzneimittel, als auch mit Hilfe nicht auf Medikamenten basierender Therapien, wie Heil-Eurythmie, rhythmischen Massagen oder der anthroposophischen Kunsttherapie.
Die auf der Basis der Anthroposophischen Medizin hergestellten Medikamente sollen dementsprechend nicht nur auf der physischen

Ebene ihre Wirksamkeit entfalten, sondern auch in den geistigen und seelischen Bereichen.

Weitere naturheilkundliche Methoden

Die in diesem Kapitel vorgestellten Therapiemöglichkeiten der Naturheilkunde sollen Ihnen nur einen Einblick in eine für Sie möglicherweise neue Welt geben. Darüber hinaus gibt es noch eine große Anzahl weiterer, sehr wirksamer Methoden, die Ihnen auf dem Weg in Ihre Alkoholfreiheit gute Dienste leisten können. Dies sind beispielsweise ayurvedische Anwendungen, die Orthomolekulare Medizin, die Bioresonanztherapie, Methoden nach Hildegard von Bingen oder die Klosterheilkunde. In der Naturheilkunde zählt oft die Erfahrung des Therapeuten, wobei viele von ihnen gewisse Schwerpunkte in ihren Praxen anbieten. Während der eine Behandler eher auf orthopädische Erkrankungen ausgerichtet ist, kennt sich der andere besser mit Darmsanierungen, Ausleitungsverfahren oder Hautkrankheiten aus. Erkundigen Sie sich also im Vorfeld, inwieweit der von Ihnen favorisierte Therapeut Erfahrungen in der Behandlung von Alkoholsucht hat.

Entspannungsmethoden

Von Alkoholikern weiß man, dass sich ihr Stresshormonspiegel auf einem vergleichbar hohen Niveau bewegt wie der von Menschen, die sich im Prüfungsstress befinden. Im Unterschied zum Prüfungsstress ist der erhöhte Stresshormonspiegel bei Alkoholikern jedoch ein Dauerzustand, sodass es wichtig ist, den Stress und die Anspannung zu reduzieren. Aus diesem Grunde legt man auch in Suchtkliniken großen Wert darauf, zur Begleitung der Psychotherapien regelmäßige Entspannungsphasen einzuhalten bzw. verschiedene Entspannungsmethoden zu erlernen, die auch Zuhause fortgeführt werden können.

Die Wirksamkeit der Entspannungsverfahren macht sich bei einer regelmäßigen Anwendung meistens schon nach kurzer Zeit bemerkbar, indem sich alle funktionellen Störungen verbessern, wie unter

anderem Schlafstörungen, Verdauungsprobleme und Herz-Kreislauf-Beschwerden. Darüber hinaus kommt es auch zu einer Verbesserung verschiedener psychischer Symptome, sodass Ängste, Unsicherheiten, leichte Erregbarkeit und Nervosität nachlassen.
Für regelmäßige Entspannung bieten sich verschiedene Methoden an, die von individuellen Vorlieben abhängig sind. Während bei einigen Personen die Muskelrelaxation nach Jacobson sehr effektiv wirkt, können andere bei Entspannungsmusik oder Qi Gong besser zur Ruhe kommen. Um seine persönliche Entspannungsmethode zu finden, ist es sinnvoll, zunächst mehrere Methoden auszuprobieren.
Im Folgenden werden Ihnen einige Möglichkeiten vorgestellt, die zu einer Stressreduzierung beitragen.

Muskelrelaxation nach Jacobson

Diese Entspannungstechnik versetzt den Anwender in die Lage, auch in sehr unruhigen Umgebungen und Situationen zu entspannen und ruhig zu bleiben. Das auch als ‚Progressive Muskelentspannung' oder ‚Tiefenmuskelentspannung' bezeichnete Verfahren, das vor mehr als 70 Jahren von dem aus Schweden in die USA emigrierten Arzt Edmund Jacobson entwickelt wurde, ist relativ leicht erlernbar. Im Mittelpunkt der Muskelrelaxation steht das bewusste Empfinden systematischen An- und Entspannens von Muskeln und Muskelgruppen.
Wer in der Lage ist, den Unterschied zwischen muskulärer An- und Entspannung eindeutig wahrzunehmen, kann auch andere Spannungszustände im Körper leichter erkennen. Dies ist eine Voraussetzung für dieses Verfahren. Die meisten Menschen nehmen Verspannungen ihrer Muskulatur erst wahr, wenn sie Schmerzen haben. Diese kommen durch vieles Sitzen, langes Stehen, körperliches Arbeiten oder falsche hastige Bewegungen. Sie fühlen sich unwohl und gehetzt und sind sich nicht bewusst, dass sie selbst in der Freizeit nicht mehr richtig entspannen und loslassen können. Körper und Seele stehen in enger Beziehung zueinander. Jacobson geht davon aus, dass seelische Belastungen zu Muskelverspannungen führen, die wiederum seelisches Unbehagen auslösen können.

Entspannen sich die Muskeln, fühlt man sich insgesamt entspannt. Man ist ausgeglichen und lockerer. Durch das Vorbeugen werden Verspannungen häufig schnell erkannt.
Das so genannte Basisprogramm wird in bequemer Rückenlage (weiche Unterlage) geübt. Grundvoraussetzung für den Übungserfolg ist eine entspannte Atmung, bei der allein die Absenkung und Hochwölbung des Zwerchfells für das Ein- und Ausströmen der Atemluft sorgt. Das zeigt sich durch Heben und Senken der Bauchdecke.
Meist beginnt man die Übungen mit den Füßen: Sie werden zur so genannten Zehenfaust angespannt, wobei die Zehen so weit wie möglich in Richtung Ferse gebeugt werden. Wenn möglich, sollte man die Muskeln immer so stark anspannen, dass sich ein Zittern bemerkbar macht. Anschließend werden Unterschenkel-, Oberschenkel-, Gesäß-, Bauch- und Beckenmuskeln angespannt.

Selbst die Gesichtsmuskeln bleiben nicht ausgespart. Die Spannung wird zwischen 2 und 4 Sekunden gehalten, dann abrupt gelöst. Nun schließt sich die wichtige Phase an, in der die Entspannung wahrgenommen wird. Dabei soll man sich intensiv auf den entsprechenden Körperbereich konzentrieren. Mindestens 2 – 4 Wochen mit konsequentem Training sind erforderlich, um bereits nach wenigen Minuten den gewünschten Entspannungszustand zu erreichen. Bis zu einem Vierteljahr Trainingsdauer muss man einplanen, bis man in der Lage ist, in wenigen Augenblicken und an jedem beliebigen Ort in eine tiefe Entspannung zu sinken. Die Faustregel lautet wie bei allen Entspannungsmethoden: Regelmäßiges Üben ist wichtiger als langes Üben. Entstehen Pausen von mehr als 4 Tagen, beginnt der Muskel zu vergessen, was er an Entspannungsfähigkeit erlernt hat. Fortgeschrittenen genügen 5 Minuten intensives Training alle 4 Tage, um ihren Muskeln die optimale Entspannungsbereitschaft zu erhalten.

Meditation

Es gibt verschiedene Formen der Meditation. Dies ist eine sehr effektive Technik, wenn es darum geht, Stress aus dem Alltagsleben zu verarbeiten, der bewusst oder unterbewusst belastet und die Entspannung am Abend erschwert. Bei Meditationsübungen geht es meist um die innere Konzentration auf die Atmung, ein Wort, Objekt oder das eigene Körperempfinden, um die Gedanken zu beruhigen und sich zu entspannen. Den meisten Menschen fällt es anfangs nicht ganz leicht, sich zu konzentrieren, oder sie kommen sich ‚komisch' vor, wenn sie beispielsweise minutenlang ein bestimmtes Wort wiederholen sollen. Doch Meditation ist wie ein ‚mentaler Muskel'. Das bedeutet, je öfter die Meditationstechniken praktiziert werden, desto leichter und selbstverständlicher wird es. Hier kann es auch sehr hilfreich sein, eine Meditationsgruppe aufzusuchen, bei der man eine Anleitung durch einen Lehrer erhält. Für Zuhause sind auch Meditations-CDs ein sehr geeignetes Hilfsmittel, welche Sie auch auf unserer Verlags-Website unter www.ersa-verlag.de finden können.

Phantasiereisen

Phantasiereisen werden auch als Traumreisen bezeichnet und erfolgen unter Anleitung eines Therapeuten. Hierbei liegt man mit geschlossenen Augen auf einer Bodenmatte und verfolgt in seinen Gedanken die Geschichte, die der Therapeut vorliest oder erzählt. Diese gedankliche Reise kann beispielsweise an einen bekannten Strand oder auf einen Fernsehturm führen, sich in einer Gaststätte abspielen oder in einem Heißluftballon, der über eine unbewohnte Insel schwebt. Der Phantasie sind hier keine Grenzen gesetzt, und es liegt im Ermessen des Therapeuten, mit welchem Thema sich die Phantasiereise beschäftigt. Während dieser Reise schaltet man völlig ab. Alle anderen Gedanken, die man zuvor noch hatte sind verschwunden, weil man sich ganz auf die Reise einlässt.Wenn man die Phantasiereisen Zuhause fortführen möchte, kann man seinen Partner bitten, eine Reise zu erzählen oder vorzulesen. Dieser sollte mit einer ruhigen und langsamen Stimme sprechen, und zwischen den einzelnen Sätzen sollten kurze Pausen eingehalten werden.

Autogenes Training

Autogenes Training basiert auf der Erkenntnis, dass durch das Wiederholen bestimmter Formelsätze ein Entspannungszustand erreicht werden kann. Hierfür konzentriert man sich mit geschlossenen Augen zum Beispiel auf: ‚Mein linker Arm ist ganz schwer', oder ‚Mein rechter Fuß ist warm'. Während dieser Formelsätze konzentriert man sich auf die jeweiligen Körperteile mit der Folge, dass sich zunehmend Entspannung einstellt. Autogenes Training bedarf einiger Übung, sodass die Anwendungen nach ca. 6 Wochen und 1 bis 2 wöchentlichen Sitzungen in Eigenregie Zuhause fortgeführt werden können. Das Erlernen des Autogenen Trainings erfolgt meistens in kleinen Gruppen.
Der positive Effekt des Autogenen Trainings äußert sich nicht nur durch einen Erholungseffekt und Stressreduzierung, sondern auch als eine Verbesserung des Allgemeinbefindens.

Qi Gong

Qi Gong kommt aus der Traditionellen Chinesischen Medizin (TCM) und wird in China bereits seit Jahrtausenden praktiziert. Das Wort *Qi Gong* steht für „Lebensenergie", wobei *Qi* Energie bedeutet und *Gong* „Übung" oder „Arbeit" heißt. Die TCM geht davon aus, dass sogenannte Meridiane die Kanäle im Körper sind, durch die die Lebensenergie Qi fließt. Jeder Meridian ist mit einer Organgruppe oder einem einzelnen Organ verbunden. Durch Blockaden von Meridianen kann die Lebensenergie nicht mehr störungsfrei fließen, sodass es zu Beeinträchtigungen von Körper und Seele kommt, die sich als gesundheitliche Beschwerden äußern.
Das Ziel von Qi Gong ist es demnach, Blockaden zu vermeiden und die Lebensenergie zu stärken, indem Energie gesammelt wird. Durch das Ansammeln von ausreichender Energie soll es möglich sein,

mit Stress und Krankheiten besser umzugehen. So soll durch die Qi Gong-Übungen nicht nur die Aktivierung der Selbstheilungskräfte erreicht werden, sondern auch die Aufrechterhaltung der Gesundheit. Bereits bestehende Erkrankungen sollen positiv beeinflusst werden. Die gymnastischen Übungen werden in aufrechter Position durchgeführt, damit die Energie (Qi) ohne Blockaden fließen kann.

Entspannungsübungen

Zusätzlich zu den verschiedenen Entspannungsmethoden gibt es viele kleine Übungen, die Sie ohne umfangreiche Vorkenntnisse und großen Aufwand ,zwischendurch' einsetzen können. Nutzen Sie beispielsweise Ihre Mittagspause im Büro, oder eine Pause bei einer langen Autofahrt.

Mit Konzentration zur Ruhe kommen

Schließen Sie für diese Übung die Augen, und legen Sie den Zeigefinger auf Ihre Stirn. Es ist egal, ob dies der Finger Ihrer rechten oder linken Hand ist. Fühlen Sie nun ganz bewusst die Stelle, die Ihr Finger berührt. Nehmen Sie ganz bewusst die Beschaffenheit Ihrer Stirn wahr. Ich betone an dieser Stelle bewusst, konzentrieren Sie sich ganz und gar auf Ihre Stirn und die Beschaffenheit, die Sie nun durch Ihren Zeigefinger hindurch wahrnehmen. Fühlen Sie Kälte, Hitze? Ist die Stirn rau oder glatt? Intensivieren Sie Ihre Emotion, und nehmen Sie anschließend einen weiteren Finger für diese Übung hinzu. Und dann einen weiteren Finger.
Nach ca. 5 Minuten öffnen Sie Ihre Augen. Sie atmen nun einige Male tief ein und wieder aus. Achten Sie darauf, ob Sie sich ausgeglichener und ruhiger fühlen. Bereits diese einfache Übung hat einen spürbar schönen Effekt auf Ihr Befinden ausgeübt, stimmt's? Wie fühlen Sie sich? Erleben Sie sich insgesamt besser, wohler und entspannter? Wenn Sie nichts gespürt haben sollten, lag es unter Umständen an einer mangelnden Konzentration. Versuchen Sie es bitte noch einmal, falls Sie keine spürbare Verbesserung feststellen konnten.

Die 5-Minuten-Übung

Setzen Sie sich in bequemer aufrechter Haltung auf einen Stuhl oder eine Gymnastikmatte. Legen Sie die Hände in den Schoß, und halten Sie die Augen geöffnet. Konzentrieren Sie sich nun auf einen beliebigen Gegenstand. Dies kann beispielsweise eine Pflanze sein, ein Bild, ein Buch, eine Lampe oder der Heizkörper.
Betrachten Sie diesen Gegenstand nun sieben bis zehn Sekunden lang. Danach lassen Sie den Blick schweifen und sehen erneut auf den Gegenstand. Wiederholen Sie diese Übung fünf Minuten lang. Anschließend schließen Sie die Augen kurz und atmen tief ein und aus.

Verspannungen lösen

Stellen Sie sich vor, wie sich während des Einatmens Ihr ganzer Körper anspannt und während des Ausatmens entspannt. Gehen Sie hierfür jeden Körperbereich einzeln durch, indem Sie diesen zuerst anspannen und dann entspannen: Ihre Füße, Beine, Oberschenkel, Hüften, der Bauch, der untere Rücken, die Schultern, Oberarme, Unterarme und Hände.
Wiederholen Sie das An- und Entspannen für jeden Körperbereich zweimal und wenn Sie mögen, auch noch öfter. Wenn Sie danach immer noch einen angespannten Körperbereich feststellen, lösen Sie diese Verspannungen durch das An- und Entspannen auf.

Beseitigen Sie Ihr Stressthema

Setzen Sie sich entspannt auf einen bequemen Stuhl. Schließen Sie die Augen, und legen Sie eine Handinnenfläche auf Ihre Stirn. Konzentrieren Sie sich jetzt auf das Thema, das Sie gerade besonders belastet. Was genau ist es, was Ihnen Stress bereitet? Lassen Sie alle Bilder und Situationen, die mit diesem Stressfaktor zusammenhängen an Ihrem inneren Auge vorbeiziehen. Achten Sie nun darauf, was Sie dabei fühlen, und wo sich Ihre Empfindungen in Ihrem Körper bemerkbar

machen. Ist es der Bauch, der Rücken, oder sind es die Arme? Empfinden Sie ein Zittern, fühlen Sie sich insgesamt unwohl und möchten aus dieser Situation aussteigen? Dann überlegen Sie, welche Farbe Ihnen gerade einfällt. Mit welcher Farbe bringen Sie Ihren Stressfaktor in Verbindung? Ist es rot oder blau? Es ist egal, welche Farbe Sie wählen, wichtig ist, dass es die Farbe ist, mit der Sie sich gerade verbunden fühlen.
Stellen Sie sich jetzt ein Rohr vor, das Sie an dem Körperteil anlegen, an dem Sie die Stresssituation gefühlt haben. Wenn es beispielsweise der Bauch ist, dann stellen Sie sich vor, wie Sie dieses Rohr an Ihren Bauch anlehnen und die von Ihnen gewählte Farbe hineingießen. Lassen Sie nun in Ihren Gedanken diese Farbe über das Rohr aus Ihrem Körper abfließen. Wiederholen Sie diese Übung so lange, bis Sie die vorgestellte Situation nicht mehr als belastend empfinden. Meistens reicht es aus, wenn man die Übung dreimal wiederholt.

Der ‚Umsteigeeffekt' – gibt es die Suchtverlagerung?

Wer von einer Suchterkrankung betroffen ist, läuft immer Gefahr, seine Abhängigkeit zwar von der einen Droge in den Griff zu bekommen, aber stattdessen von einer anderen Substanz umso abhängiger zu werden.
Dies ist ein Thema, das häufig nicht sehr in den Vordergrund gestellt wird, aber das dennoch zu einem großen Problem werden kann.
Sicher kennen Sie einen Fall aus Ihrem Bekanntenkreis, wo ein Raucher erfolgreich zum Nichtraucher geworden ist. Doch es dauerte nicht lange, bis er so viele Kilos mehr auf die Rippen bekommen hatte, dass man dies nicht mehr übersehen konnte. Nun kann man einerseits sagen, dass durch das fehlende Nikotin der Stoffwechsel langsamer voran ging und somit die Kilos auf den Rippen hängen blieben. Das ist sicherlich richtig, aber es ist eigentlich nur die halbe Wahrheit. Die ganze Wahrheit ist vielmehr die, dass in diesen Fällen meistens anstatt der gerauchten Zigaretten nun viel mehr gegessen wird. Und sehr oft sind es Süßigkeiten ohne Ende, die man als neuer Nichtraucher über den ganzen Tag verteilt in sich hineinstopft. Kein Wunder also, dass

eines Tages die Hose kneift, die Bluse spannt und der Inhalt im Kleiderschrank einem immer fremder wird, weil nichts mehr passt.
Dieses Beispiel zeigt ganz deutlich, wie eine Verlagerung von einer Sucht (Nikotinsucht) auf die nächste Sucht (Zuckersucht) erfolgt ist. Man ist in diesem Fall von einem Suchtmittel auf ein anderes umgestiegen. Und nichts anderes ist häufig auch bei Alkoholikern oder Drogenabhängigen zu beobachten.
Häufig ist es hauptsächlich die Anfangsphase der Therapie, die zu einem vermehrten Konsum von Ersatzdrogen führen kann, wie in erster Linie der gesteigerte Konsum von Zigaretten, Süßigkeiten, Kaffee und bestimmten Softdrinks. Im Laufe der Zeit verringert sich dieser Konsum dann häufig wieder.
Wenn wir aber nun einen Alkoholiker nehmen, der zwar erfolgreich von der Flasche losgekommen ist und stattdessen zu anderen Drogen wie beispielsweise Cannabis oder Medikamenten greift, der hat eine sehr bedenkliche Suchtverlagerung vollzogen und keinen Stillstand seiner Suchterkrankung erreicht. Es hat lediglich ein Ausweichen von einer Droge auf eine andere Droge stattgefunden.

Diese Suchtverlagerungen muss man allerdings sehr differenziert betrachten, denn nicht jeder Umsteigeeffekt ist mit einem anderen vergleichbar. Von Alkoholikern weiß man, dass sie häufig zusätzlich vom Alkohol auch nikotinabhängig sind. Hier ist bei den meisten von ihnen während einer Therapie zu beobachten, dass ihr Zigarettenkonsum schier ins Unermessliche steigt. Wer schon mal eine Suchtklinik aufgesucht hat, dem sind womöglich die vielen Aschenbecher in Erinnerung geblieben, die rund um das Klinikgebäude platziert sind. Und egal, zu welcher Tages- und Nachtzeit man diese Aschenbecher besichtigte: Sie waren ständig überfüllt. Man gewinnt hier unweigerlich den Eindruck: Das, was jetzt nicht mehr getrunken wird, investiert man nun in Zigaretten. Doch trotz der zweifelsohne gesundheitsschädlichen Substanzen, die man sich mit Zigaretten zuführt, sind die Folgen, die dem Körper nun zugemutet werden, im Vergleich zur Alkoholsucht geringer, zumindest wenn man die vielen sozialen Folgen betrachtet, die durch Alkohol entstehen.

Letztendlich ist es ist notwendig, dass man stets abwägt, um welche Art der Suchtverlagerung es sich handelt. Wenn nun statt des Alkohols mehr Sport getrieben wird, wenn man sich in viel Arbeit stürzt oder ein Hobby intensiv ausübt, sind dies Verlagerungen, die als tolerierbar gesehen werden. Wenn hingegen jedoch eine Verlagerung auf Glücksspiele und Einkaufen (Kaufsucht) stattfindet, oder wenn sich eine gesundheitsbedrohliche Essstörung entwickelt, sollte für eine Abwendung dieser Suchtverlagerung gesorgt werden. Und als noch bedrohlicher ist eine Suchtverlagerung zu bewerten, wenn Ersatzmittel wie Medikamente oder Drogen eingesetzt werden, die wie Alkohol abhängig machen und zu negativen gesundheitlichen Folgen führen können.

Tipps - Was Sie selbst tun können

Nehmen wir nun an, dass Sie Ihre Alkoholabhängigkeit in den Griff bekommen haben. Sie haben erfolgreich eine Therapie abgeschlossen, sind trocken und freuen sich nun auf Ihr neues Leben.
Bei einer so schwerwiegenden Erkrankung wie der Alkoholabhängigkeit stellt sich immer wieder die Frage:
‚Was kann man selbst dazu beitragen, dass man gesünder wird?' Je nach Ursache der Alkoholsucht und abhängig von der Schwere der Erkrankung gibt es mehrere Möglichkeiten, den Prozess günstig zu beeinflussen und den Umgang mit der Krankheit zu erleichtern.

Orientieren Sie sich an den folgenden Anregungen:

- Da insbesondere die Phase nach dem stationären Aufenthalt stark rückfallgefährdend ist, sollte man sich für diese Zeit gut vorbereiten. Daher ist es unverzichtbar, dass man schon von der Entwöhnungsphase aus für eine entsprechende Nachsorge, bestehend aus verschiedenen Auffangnetzen, sorgt. Hier ist insbesondere eine Selbsthilfegruppe eine wichtige Anlaufstelle, aber auch regionale Nachsorgegruppen und regelmäßige Termine bei einem Suchtberater, sollten für die erste Phase nach dem Klinikaufenthalt erfolgen.

- Halten Sie engen Kontakt zu einer Selbsthilfegruppe oder einer anderen Anlaufstelle, wo Sie auf Gleichgesinnte treffen. Gerade zu Beginn der Therapie bestehen große Unsicherheiten im Umgang mit der Krankheit. Wie geht man beispielsweise mit neugierigen Nachbarn oder Arbeitskollegen um? Sagt man wirklich jedem die Wahrheit? Welche Erfahrungen haben andere Betroffene in vergleichbaren Situationen gemacht? In Selbsthilfegruppen trifft man auf Gleichgesinnte, die diese Erfahrungen wahrscheinlich schon hinter sich haben und Ihnen bestimmt gerne mit Ratschlägen zur Seite stehen.

- Ein ganz wesentlicher Schritt ist es, sein gesamtes soziales Umfeld über seine Situation aufzuklären. Auch wenn es noch so schwer fällt – ein offener Umgang mit Ihrer Krankheit ist der beste Garant für Ihren langfristigen Erfolg. Machen Sie also nach Möglichkeit kein Geheimnis aus Ihrer Alkoholabhängigkeit, denn sonst laufen Sie Gefahr, in unnötige Stolperfallen zu geraten.

- Informieren Sie Ihre Familienangehören, Freunde und Arbeitskollegen über Ihre Alkoholabhängigkeit, damit diese Ihre gesundheitliche Situation verstehen, Ihnen behilflich sein können und sie Ihnen nicht aus Unwissenheit heraus unnötig Alkohol anbieten.

- Möglicherweise ist es sinnvoll, sich von bestimmten Personen zu distanzieren. Denn nicht jeder Mensch verfügt über die nötige Sensibilität und das erforderliche Verständnis für diese Krankheit. Wenn Sie schon genau wissen, dass Sie beispielsweise bei dem einen oder anderen Freund auf wenig Verständnis und Rücksichtnahme treffen, sollten Sie den Kontakt unbedingt einschränken. Denken Sie daran, dass Sie gerade eine erfolgreiche Therapie hinter sich gebracht haben, deren Ergebnis Sie nicht durch die Verständnislosigkeit bestimmter Personen gefährden möchten.

- Nehmen Sie die Ihnen verordneten Medikamente regelmäßig ein und so, wie sie Ihr behandelnder Arzt verordnet hat. Verändern Sie weder die Einnahmezeit noch die Dosierung eigenmächtig.

- Tragen Sie einen SOS-Anhänger an Ihrer Halskette, der wichtige medizinische Informationen über Sie enthält. Somit kann sich ein herbeigerufener medizinischer Notdienst sehr schnell ein Bild über Ihre gesundheitliche Situation machen, und Ihnen eine angemessene Behandlung zuteilwerden lassen. Das Risiko, falsch behandelt zu werden (z. B. mit alkoholhaltigen Medikamenten), können Sie hierdurch reduzieren.

- Tragen Sie durch eine gesundheitsförderliche Lebensweise dazu bei, mögliche Folgeerkrankungen der Alkoholabhängigkeit zu reduzieren. Hierzu gehört neben der Stressreduzierung auch eine gesunde Ernährung, die über ausreichende Vitalstoffe verfügt.

- Sollte es trotz der Therapie zu einem Trinkanfall kommen, tragen Sie diesen in einen Kalender ein. Halten Sie darin detailliert fest, um welche Uhrzeit der Anfall stattfand, wie lange er andauerte, und wie er sich genau äußerte. Schreiben Sie außerdem auf, ob es irgendwelche Begleitumstände oder verdächtige Auslöser gab, die möglicherweise den Anfall begünstigt haben. Bitten Sie Ihre Angehörigen oder Freunde, die den Anfall miterlebt haben, Ihnen weitere Informationen zu geben, die wichtig sein könnten.

- Gehen Sie eventuellen negativen Reaktionen Ihrer Mitmenschen möglichst aus dem Weg bzw. versuchen Sie, entsprechende Bemerkungen oder Verhaltensweisen am besten zu ignorieren. Je mehr Sie selbst über die Erkrankung informiert sind, desto besser können Sie eventuellen Vorurteilen begegnen. Oftmals ist es einfach Unwissenheit und keine böse Absicht, die Ihre Mitmenschen zu entsprechenden Reaktionen verleiten.

- Leben Sie Disziplin. Wer dauerhaft trocken bleiben will, muss über eine sehr eiserne Disziplin verfügen. Lassen Sie es nicht zu, dass der Schlendrian wieder in Ihr Leben einzieht, indem Sie die bereits erzielten Erfolge riskieren. Wozu haben Sie sich denn sonst all die ganzen Monate angestrengt? Wollen Sie, dass alles umsonst war? Lernen Sie in kleinen Schritten, diszipliniert zu werden, indem Sie sich anfangs kleine Schritte vornehmen. Erstellen Sie sich z. B. einen Stundenplan, in dem Sie Ihren ganzen Tagesplan eintragen. Und was macht man, um Disziplin zu leben? Man hält seine Pläne ein.

- Wenn Sie mit Ihrem behandelnden Arzt oder Suchtberater nicht richtig zufrieden sind, suchen Sie so lange, bis Sie jemanden gefunden haben, bei dem Sie sich gut aufgehoben fühlen.

- Sorgen Sie für ausreichend Schlaf. Wenn Sie unter Schlafstörungen leiden, gehen Sie diesen auf den Grund, um Ihre Schlafqualität zu verbessern. Ein gesunder Schlaf ist eine wichtige Grundlage für Ihre Gesundheit und Ihr gesamtes Wohlbefinden.

- Wenn Sie durch Ihre Alkoholsucht so stark eingeschränkt sind, dass Sie keiner Berufstätigkeit mehr außer Haus nachgehen können, bemühen Sie sich um einen Job, den Sie von Zuhause ausüben können. Dank der technischen Voraussetzungen wie dem Internet ist es heutzutage in vielen Branchen möglich, vom ‚Homeoffice' aus zu arbeiten. Eine berufliche Aufgabe gibt Ihnen nicht nur eine tägliche Struktur, sondern auch mehr Selbstbewusstsein, finanzielle Unabhängigkeit, soziale Kontakte und Selbstvertrauen.

- Wenn Sie nicht mehr selbst Auto fahren können, informieren Sie sich über Fahrmöglichkeiten, die Ihnen die bestmögliche Mobilität zurückgibt. Neben den öffentlichen Verkehrsmitteln sprechen Sie auch Ihre entfernteren Familienmitglieder, Bekannte und Nachbarn an, und bitten Sie sie um regelmäßige Mitfahrgelegenheiten.

- Holen Sie Aktivitäten in Ihr neues Leben, die Sie weit weg vom Alkohol bringen. Ersetzen Sie Ihre Zeit, die Sie in der Vergangenheit mit Trinken und Alkoholbeschaffung verbracht hatten, ab jetzt mit Freizeitaktivitäten und Hobbys, die Ihnen viel Abwechslung, Ablenkung und Spaß bereiten. Entwickeln Sie Hobbys, die Ihnen Erfüllung geben. Lassen Sie ein altes Hobby wieder aufleben, das Ihnen in der Kindheit viel Spaß bereitet hat, beginnen Sie wieder zu malen, zu stricken oder Sport zu machen.

- Suchen Sie sich Beschäftigungen, die Ihnen gut tun, die aber nicht in Leistungsdruck ausarten. Wenn Sie nicht mehr arbeitsfähig sind, suchen Sie sich eine ehrenamtliche Aufgabe wie in der Alten-, Kranken- oder Kinderbetreuung.

- Entspannung fördert Ihr Wohlbefinden und lenkt Sie vom Alkoholthema ab. Yoga, orientalischer Tanz, Tai Chi und ähnliche Aktivitäten bringen den Körper in den Mittelpunkt der Aufmerksamkeit, ohne jedoch nach Leistung zu verlangen.

- Versuchen Sie zu erkennen, wer Ihnen gut tut und wer nicht. Umgeben Sie sich mit Menschen, die Ihnen wohlgesonnen sind und mit denen Sie reden können.

- Tun Sie alles, was Ihnen hilft, Ihre innere Balance auch in stressigen Situationen beizubehalten bzw. Ihnen einen Ausgleich verschafft. Denn wenn Sie psychisch stark sind, brauchen Sie keinen Alkohol.

- Nehmen Sie Kontakt zu Gleichgesinnten auf. Denn eines ist sicher: Niemand wird Sie so gut verstehen wie jemand, der in einer Situation steckt, die Ihrer ganz ähnlich ist.

- Arbeiten Sie auch an Ihrem Selbstbild und lernen Sie, sich zu mögen. Je größer die Zuneigung zu sich selbst ist, desto unwahrscheinlicher ist es, dass Sie sich selbst auf lange Sicht schädigen. Machen Sie sich klar, dass Sie liebenswert sind, so wie Sie sind, auch wenn Sie wahrscheinlich nicht ein so makelloses Aussehen haben, wie Sie es gerne hätten. Oder auch, wenn Sie nicht den Traumberuf haben, den Sie sich eigentlich gewünscht hatten. Lernen Sie sich zu akzeptieren, und zwar genauso, wie Sie sind.

- Setzen Sie sich neue Ziele, und machen Sie Zukunftspläne. Wenn Sie Sport treiben, nehmen Sie sich z. B. vor, in 8 Wochen 3 Kilometer ohne Pause joggen zu können. Wenn Sie gerne reisen, planen Sie für die nächsten 6 Monate viele kleine Kurzreisen. So haben Sie immer wieder kleine Etappenziele. Wenn Sie eine neue Wohnung suchen, setzen Sie sich ein festes Datum, bis zu dem Sie umgezogen sein wollen.

- Sehr hilfreich ist es auch, wenn Sie sich vor Augen führen, was Sie tun wollen, sobald Sie vom Alkohol losgekommen sind. Sehen Sie so klar wie möglich Ihr alkoholfreies Leben vor sich: Wie sehen Sie aus? Wie reagiert Ihre Umwelt auf Sie? Welche Erfolgserlebnisse haben Sie? Konzentrieren Sie sich auf das Positive und Helle, das Ihr Ziel ist, und halten Sie daran fest. Das ist der Lohn für Ihre Mühen!

- Überlegen Sie, was Sie in den vergangenen Jahren immer gerne getan hätten, aber wovon Sie der Alkohol immer abgehalten hat. Holen Sie es jetzt endlich nach. Vielleicht wollten Sie schon so lange einen guten Freund an der Ostsee besuchen, vielleicht wollten Sie schon immer einen Gartenteich anlegen oder die Küche renovieren? Packen Sie es an!

- Nehmen Sie sich Zeit, und tun Sie einen Schritt nach dem anderen. Vor Ihnen liegt ein langer Weg. Durchzuhalten wird leichter, wenn man nicht den Weg als Ganzes betrachtet, sondern ihn in Teilabschnitte, also Zwischenziele, einteilt. Und für jedes erfolgreich erreichte Etappenziel haben Sie sich eine nicht-alkoholische Belohnung verdient! Das kann alles sein, was Ihnen Freude macht: ein Wellness- Wochenende, ein neues Kleidungsstück, eine CD, etc. Es muss nichts Großes sein, denn auch eine kleine Aufmerksamkeit für sich selbst kann etwas Tolles bewirken.

- Lassen Sie Ihr Leben nicht zu sehr von der Erkrankung bestimmen. Versuchen Sie trotz der Einschränkung, die Sie möglicherweise durch die Alkoholabhängigkeit erleben, ein normales Leben mit einer festen Tagesstruktur zu führen. Passen Sie Ihre Lebensweise der Krankheit an, aber lassen Sie sich nicht von ihr regieren.

Zurück ins neue Leben

Wenn die Alkoholsucht erfolgreich behandelt wird, geht es irgendwann darum, wieder ins ‚normale Leben' einzutauchen. In eine Welt, die in der Vergangenheit zunehmend verschlossen blieb und mit der eigenen Wirklichkeit oft nicht mehr viel gemeinsam hatte.
Mit großer Spannung, Angst und Aufregung wird dem Tag X, an dem man wieder an den Arbeitsplatz, den Studienplatz, den Gesangsverein oder in den alten Freundeskreis zurückkehren möchte, entgegengefiebert. Trotz der großen Freude auf der einen Seite über den Therapieerfolg, begegnet man diesem Tag auch mit einem sehr zwiespältigen und sogar mulmigen Gefühl. Denn durch die Angst, ob man diesem großen Schritt in das neue alte Leben gewachsen ist, kann die Freude über die erreichten gesundheitlichen Erfolge deutlich geschmälert werden.
Denn da sind so viele Unsicherheiten vorhanden, die die Integration in die gesunde Gesellschaft mit vielen Fragezeichen versehen. Wie werden die Arbeitskollegen oder Freunde reagieren? Bekommt man noch denselben Schreibtisch im Büro wie vor der Erkrankung? Welche Gespräche stehen an? Wird der Chef einen willkommen heißen, oder weiß dieser gar nicht, dass man an einer Alkoholabhängigkeit erkrankt ist?
Während man die Zeit der Gesundung in seiner beschützten Umwelt mit verständnisvollen Familienmitgliedern und vertrauten Freunden verbracht hat, ist dieser Schutz in der neuen Welt nicht vorhanden. Man ist auf sich allein gestellt, wird möglicherweise vielen Fragen ausgesetzt und vielleicht auch Ausgrenzungen von einigen Mitmen-

schen erfahren. Um sich von den vielen möglichen Situationen nicht überfordert zu fühlen, ist es wichtig, sich auf diesen Tag X gut vorzubereiten. Wenn Sie in psychologischer Behandlung sind, bitten Sie Ihren Therapeuten rechtzeitig um entsprechende Hilfestellungen.
Erkundigen Sie sich bei verschiedenen Sozialversicherungsträgern über eventuelle Wiedereingliederungsmaßnahmen, wenn es darum geht, den Arbeitsplatz zu erhalten oder einen neuen zu suchen. Die Mitarbeiter dieser Einrichtungen verhelfen dazu, wieder schrittweise in einen Arbeitsalltag integriert zu werden. Dabei geht es um das Erlernen fester Strukturen, eines geregelten Arbeitsablaufes und den Umgang mit Arbeitskollegen. In einigen Kliniken werden arbeitstherapeutische Rehabilitationen angeboten, die die Wiedereingliederung in den Arbeitsalltag vereinfachen sollen.

Eine Wiedereingliederung ist zwangsläufig mit mehr Stress verbunden. Da Stress jedoch Rückfälle provozieren kann, sollte dieser nicht ausarten, bzw. sind entsprechende Entspannungsphasen wichtig, um den Stress abzufedern. Auch wenn Sie dazu neigen, sich schnell zu viel Arbeit aufzubürden, greifen Sie rechtzeitig ein, indem Sie Ihre Kräfte sinnvoll einteilen. Das Arbeitspensum sollte niemals ihre gesundheitliche Leistungsfähigkeit überfordern.
Halten Sie während Ihrer Eingliederungsphase einen besonders engen Kontakt zu Ihrem Therapeuten, und sprechen Sie sofort Probleme an, wenn sich diese am Arbeitsplatz oder im Privatleben auftun. Warten Sie nicht zu lange.

Wenn Sie feststellen, dass sich seit der Aufnahme der Wiedereingliederung Ihr Gesundheitszustand wieder verschlechtert, oder Sie bemerken, dass Sie sich wieder unsicher fühlen, handeln Sie konsequent, und treten Sie kürzer. Suchen Sie gegebenenfalls nach einer anderen Möglichkeit, berufstätig zu sein. Vielleicht können Sie eine berufliche Tätigkeit von zu Hause ausüben, die Ihnen mehr Freiräume lässt, als in einem Büro mit festen Strukturen und unflexiblen Arbeitszeiten. Oder reduzieren Sie Ihre Stundenzahl vorübergehend, wenn Sie Ihren Job behalten möchten.
Bedenken Sie immer, dass Sie sich Ihren jetzigen gesundheitli-

chen Zustand mit viel Mühe erarbeitet haben und dieser nicht durch falschen Ehrgeiz riskiert werden sollte. Dazu gehört auch, dass Sie bei einem neu kontaktierten Arzt auf Ihre Alkoholkrankheit hinweisen. Um Ihre gesundheitliche Situation richtig einschätzen zu können, und um falsche Therapien zu verhindern, benötigt er diese Angaben. So wird er unter anderem auf das Verschreiben von alkoholhaltigen Medikamenten verzichten, und er wird auf die durch Alkohol besonders gefährdeten Organe achten.

Soziale Hilfen

Leider kommt eine Alkoholabhängigkeit selten ganz allein, sondern bringt meistens noch einige unangenehme Gesellen mit. Wer einmal in die Spirale der Alkoholsucht eingestiegen ist, wird sehr schnell begreifen, in welch rasant abwärts führenden Talfahrt er sich befindet.
Als hätte man aufgrund der Krankheit als solche nicht schon genügend Probleme, gesellen sich viele weitere Sorgen hinzu, die mitunter wie ein ‚Verstärker' der bereits vorhandenen Probleme wirken. Nicht selten führt die Krankheit zum Arbeitsplatzverlust, woraus sich wie bei einem Dominoeffekt weitere Schwierigkeiten entwickeln. Dem sozialen Abstieg mit großen finanziellen Sorgen und berechtigten Existenzängsten sind dann schnell Tür und Tor geöffnet.
Um den völligen Untergang jedoch zu vermeiden – insbesondere wenn Sie für eine Familie verantwortlich sind – sollten Sie rechtzeitig für gewisse Auffangnetze sorgen, soweit dies unter sozialrechtlichen Gesichtspunkten natürlich möglich ist.
Soziale Hilfen hören sich noch immer an wie ein Almosen, und nicht selten haben Personen, gleichgültig ob krank oder gesund, Scham, diese auch in Anspruch zu nehmen. Aber es gibt sie und das nicht nur auf dem Papier. Und jeder sollte sie im Bedarfsfall auch in Anspruch nehmen, denn dazu sind sie da. Und so können auch Menschen, die alkoholabhängig sind, unter bestimmten Voraussetzungen eine Reihe von Hilfsangeboten in Anspruch nehmen, die das Leben leichter machen sollen. Es geht hier nicht um staatliche Leistungen, die womöglich zweckentfremdet zur Abdeckung des Alkohol- und Tabak-

konsums eingesetzt werden. Es geht vielmehr um die Leistungen, die das Lebensnotwendige abdecken und letztendlich dazu beitragen sollen, trotz der Erkrankung ein relativ normales Leben zu führen und als Motivation zu fungieren, um sich aus der Alkoholsucht zu befreien. Ob die eine oder andere finanzielle Unterstützungsmaßnahme genehmigt wird oder nicht, hängt immer von verschiedenen Voraussetzungen ab. Besonders, wenn es um die Zahlung von Arbeitslosengeld geht, muss eine Mitwirkung des Arbeitslosen erfolgen. Erfolgt diese nicht, und weigert man sich, an einer Wiederherstellung der Arbeitsfähigkeit mitzuarbeiten, drohen gravierende Sanktionen, die mitunter zu einer Streichung der Sozialleistungen führen können. Auch die Anerkennung einer Arbeitsunfähigkeit bedarf im Falle der Arbeitslosigkeit in der Regel nicht nur einer einfachen Bescheinigung darüber, dass man alkoholabhängig ist. Vielmehr wird meistens ein Nachweis gefordert, dass mehrere Therapien ohne Erfolg geblieben sind. In regelmäßigen Abständen wird die Situation überprüft, inwieweit die Alkoholabhängigkeit noch vorhanden ist.

Je nach Ausprägung der Alkoholabhängigkeit kann es passieren, dass aufgrund der Krankheit gravierende gesundheitliche Folgeschäden auftreten. Sollte Ihr Gesundheitszustand derart angegriffen sein, dass Sie schwerwiegende Schäden aufweisen, sollten Sie Ihre eventuelle Berechtigung für einen Schwerbehindertenausweis abklären. Denn dieser kann für so manche Erleichterung sorgen, auch hinsichtlich der Suche nach einem neuen Arbeitsplatz.
Viele Einrichtungen, wie Städte und Gemeinden haben beispielsweise Stellen, die explizit für Menschen mit einer Behinderung zur Verfügung stehen, oder bei denen diese bevorzugt eingestellt werden. Somit kann ein Schwerbehindertenausweis die Chancen auf einen Arbeitsplatz deutlich erhöhen. Hinzu kommt, dass aufgrund einer Behinderung gesonderte Regelungen greifen wie z.B. ein besonderer Kündigungsschutz und Zusatzurlaub.
Wenn sich Ihre Familie in einer besonderen Notlage befindet, kann ein Antrag bei der ‚Bundesstiftung Mutter und Kind' sinnvoll sein, um eine finanzielle Unterstützung zu erreichen.

Überhaupt erfahren alkoholsüchtige schwangere Frauen und Mütter eine besondere Unterstützung, indem sich ihnen eine Vielzahl von Hilfsangeboten anbietet. Ansprechpartner sind hier das Jugendamt, die Versicherungsträger, das Müttergenesungswerk und zahlreiche Einrichtungen, die über die jeweilige Stadtverwaltung oder Landesbehörde in Erfahrung zu bringen sind. Wenn eine an Alkoholabhängigkeit erkrankte Frau Hilfe benötigt, kann eine zusätzliche Unterstützung von großer Bedeutung sein. Diese kann bei der Hebammenpflege beginnen und weiter zu einer Familienpflege übergehen, wenn die Mutter oder die Eltern mit der neuen Situation überfordert sind und auch noch mit der Alkoholsucht zurechtkommen müssen. Unter bestimmten Voraussetzungen kann eine beratende Begleitung in Form von Beratungsterminen stattfinden, aber es kann möglicherweise auch eine Pflegehilfe zur Verfügung gestellt werden, die vor Ort im Haushalt tätig ist. Auch eine Tagespflege für das Kind kann eingesetzt werden. Kostenträger sind oftmals die Krankenkassen oder aber das Jugendamt.

Persönliches Budget – eine wichtige finanzielle Hilfe

Seit 2008 gibt es ein Projekt, das als das „Persönliche Budget" bezeichnet wird. Auf dieses Budget haben alle behinderten Menschen einen Rechtsanspruch, und zwar unabhängig von dem Ausmaß der Behinderung. Normalerweise erhält man im Rahmen dieses Budgets eine Geldleistung, in Einzelfällen werden auch Gutscheine ausgehändigt. Je nach individueller Situation können da monatliche Beträge von mehreren hundert Euro genehmigt werden. Einige Personen bekommen sogar noch deutlich höhere Beträge, aber das kommt immer ganz auf die persönliche Gesamtsituation an. Mir ist bekannt, dass dieses Budget auch in Anspruch genommen werden kann, wenn der Betroffene selbst nicht in der Lage ist, das Budget zu verwalten. Durch das Persönliche Budget wird es unter Umständen möglich, in eine Wohnanlage mit ambulanter Betreuung zu ziehen. Ohne die finanzielle Unterstützung des Persönlichen Budgets wäre das oft nicht möglich. „*Bisher fest definierte Dienst- und Sachleistungen werden durch Barleistungen an die Betroffenen ersetzt. Mit diesem Geld können behinderte Menschen sich als Käufer, Kunden oder Arbeitgeber eigenverantwortlich für individuelle Unterstützungsleistungen entscheiden. Neben klassischen Leistungen zur Teilhabe können auch Leistungen der Pflegeversicherung und Leistungen der Hilfe zur Pflege der Sozialhilfeträger einbezogen werden. Im Rahmen einer bundesweiten Informationstour wird die Beauftragte der Bundesregierung für die Belange behinderter Menschen Karin Evers-Meyer (SPD) in Zusammenarbeit mit den Beauftragten der Länder über die Persönlichen Budgets informieren. Seitens des Bundesministeriums für Arbeit und Soziales werden Bundesfachtagungen vor allem für Mitarbeiterinnen und Mitarbeiter der gemeinsamen Servicestellen, der Integrationsfachdienste und Integrationsämter sowie die gesetzlichen Betreuer durchgeführt, damit umfassend und gut beraten rege von dem neuen Angebot Gebrauch gemacht werden kann.“* [1]

Mehr Infos unter:
http://www.caritas.de/ glossare/persoenliches-budget
http://www.budget.bmas.de/

1 http://www.epikurier.de/Persoenliches-Budget.866.0.html

Soziale Kontakte

Ein großes Problem bei einer Alkoholabhängigkeit besteht häufig im Verlust von Außenkontakten. Nicht nur, dass sich der Betroffene von sich aus zurückzieht und alte Freundschaften nicht mehr pflegt. Es sind auch häufig die vermeintlichen Freunde selbst, die sich aufgrund des Trinkverhaltens zurückziehen. Eine fatale Situation, die unweigerlich zu einer völligen Isolation des Alkoholikers von der Außenwelt führt. Und je länger die Erkrankung anhält, desto mehr ist man am Ende sozial isoliert, was schließlich zu einer Verstärkung der Alkoholsucht und Begleiterkrankungen wie Depressionen führen kann.
Doch durch die schwere Erkrankung wird es dem Betroffenen immer weniger möglich, weitere soziale Kontakte zu pflegen. Er fühlt sich völlig außerstande, bestehende Kontakte aufrecht zu erhalten, und sei es nur zu Nachbarn oder Sportfreunden.

Dabei beginnt diese Isolation ganz schleichend. Sind es anfangs nur vereinzelte Absagen von Einladungen und Verabredungen, so häufen sich diese mit dem Fortschreiten der Erkrankung. Auch Menschen, die vor der Erkrankung sehr aktiv waren, viele Feiern und Veranstaltungen besuchten und ein intensives Vereinsleben betrieben, sind von diesem sozialen Rückzug betroffen.
Wird dieses Verhalten anfangs von den Mitmenschen noch toleriert, dass man sich von seinen Verabredungen fernhält, so wird jedes weitere Fernbleiben zunehmend mit Missachtung und Unverständnis abgestraft. Unfairerweise wird dieses Fernbleiben als Desinteresse interpretiert mit der lauernden Gefahr, dass die totale soziale Vereinsamung ihren weiteren Lauf nimmt.
Für einen alkoholabhängigen Menschen ist der Verlust sozialer Kontakte besonders fatal. Nicht nur, dass das soziale Eingebundensein auch eine bessere Lebensqualität bedeutet, führt die zunehmende Vereinsamung zu einem noch höheren Alkoholkonsum.
Wer bereits durch seine Erkrankung derart vereinsamt ist, dass kaum noch Kontakte nach außen bestehen, wird die Aufnahme von zwischenmenschlichen Beziehungen möglicherweise erst wieder

erlernen müssen. Dies kann dann ein wichtiger Baustein des psychotherapeutischen Behandlungskonzeptes sein.
Zu diesem Lernprozess gehört es auch, dass man Erfahrungen macht, dass manche Menschen den Kontakt mit einem Alkoholiker meiden. Häufig ist dies auf Unsicherheit und Unwissenheit gegenüber der Alkoholsucht begründet. In diesen Fällen können ein Schritt nach vorn und eine umfassende Aufklärung über diese Erkrankung oft für beide Seiten Vorteile bringen.
Einfacher ist hingegen der Kontaktaufbau zu Gleichgesinnten. Denn wer selbst von einer Alkoholsucht betroffen ist, weiß am besten, wie sich diese Krankheit anfühlt, und wie man mit ihr umgehen kann. Gleichgesinnte findet man am besten in Selbsthilfegruppen und in entsprechenden Internetforen.
So wertvoll verschiedene Internetforen zur Bewältigung einer Krankheit sind, so bergen sie jedoch gerade bei einer Alkoholabhängigkeit die große Gefahr einer weiteren sozialen Isolation. Hinzukommt, dass sich das Internet bei ehemals Süchtigen als eine neue Sucht entwickeln kann.

Rückfall – ein großes Risiko und eine neue Chance

Da hat man nun mit vielen Anstrengungen, Entbehrungen, Enttäuschungen, aber auch mit vielen Glücksmomenten, beflügelnden Gefühlen und viel Hoffnung auf ein alkoholfreies Leben geschafft, den Alkoholentzug durch eine erfolgreiche Therapie zu meistern. In dieser Phase, in der man spürt, dass gerade das neue alkoholfreie Leben auf einen wartet, es so richtig greifbar erscheint und eigentlich nur noch festgehalten werden muss, da kommen leider auch immer wieder unangenehme Gefühle und Ängste auf. Diese können nicht nur das erreichte Ziel überschatten, sondern dieses sogar gefährden.
Die Rede ist von einem Rückfall, der alle Träume und Hoffnungen wieder zunichtemachen kann. Zweifelsohne – eine der größten und berechtigten Sorgen nach einer erfolgreichen Therapie ist die, dass man trotz all seiner Anstrengungen einen Rückfall erleidet. Denn es gibt leider keine 100%-ige Sicherheit vor einem Rückfall. Und so

entmutigend es sich auf der einen Seite anhören mag: Rückfälle gehören zum Krankheitsbild der Alkoholabhängigkeit.

Die Rückfallgefahr gilt als besonders groß, wenn alles noch so neu, frisch und unsicher wirkt. Doch nicht nur Sie als Betroffener werden von dieser Angst vereinnahmt, sondern auch Ihre Angehörigen empfinden diese Bedrohung als immerzu präsent.

Und dies betrifft besonders die Phase, wenn eine Entlassung von einer stationären Therapie ansteht. Es ist kein Geheimnis, dass Rückfälle vermehrt in der Übergangsphase auftreten, wenn eine stationäre Therapie beendet ist und eine weiterführende Behandlung ansteht. In diesen Momenten wird sozusagen die behütende Käseglocke von Ihnen entfernt, in der Sie im symbolischen Sinne während Ihres Aufenthaltes in der Suchtklinik getragen wurden. Und nun ist diese Schutzhülle weg. Die Welt ‚da draußen' erwartet Sie, aber die ist nicht so warm und kuschelig, wie Sie sie vielleicht gerne hätten. Nein, da lauern sicherlich wieder so manche Gefahren, durch die man ins Straucheln geraten kann. Wenn nicht direkt an den stationären Aufenthalt eine Weiterbehandlung angeschlossen wird, weil man sich möglicherweise zu spät um einen Platz bemüht hat oder diese Nachsorge nicht ernst nimmt, sind die Rückfälle besonders häufig.

Neben dieser ganz besonders sensiblen Phase zwischen dem Wechsel von stationärer und ambulanter Therapie gibt es eine weitere Phase, die als sehr tückisch gilt, und zwar nach drei bis sechs Monaten nach dem Ende der Therapie. Dies ist der Zeitpunkt, an dem das Leben in seine Routine zurückkehrt. Alte Probleme und Langeweile können hier die Oberhand gewinnen. Sie können davon ausgehen, dass die Entwicklung eines Rückfalls der Entwicklung der Sucht an sich entspricht. Allerdings läuft dieser Prozess in einem viel kürzeren Zeitraum ab als die Entstehung der Sucht.

Man geht davon aus, dass sich zunächst wieder die negativen Verhaltensmuster der so genannten ‚nassen' Phase einstellen. Es gelten hier die üblichen Warnsignale, darunter Lügen, Heimlichkeiten, Aggressionen, Großspurigkeit, permanente schlechte Laune und Gereiztheit, der erneute Umgang mit Saufkumpanen, etc.

Was ist ein Rückfall?

Doch lassen Sie uns zunächst betrachten, was überhaupt ein Rückfall ist. Denn nicht immer ist das Trinken von Alkohol tatsächlich ein Rückfall. Mitunter treten Situationen auf, die einen verunsichern. Man weiß in diesen Momenten nicht, ob dies oder jenes nun wirklich als ein Rückfall zu betrachten ist. Vielleicht war es ja nur ein Ausrutscher, der unnötigerweise als ein Rückfall hochstilisiert wird? Dabei ergibt sich zwangsläufig aber auch die Frage: Wo hört der Ausrutscher auf, und wo genau beginnt denn der Rückfall?
Grundsätzlich wird ein Rückfall als solcher betrachtet, wenn nach einer alkoholfreien Phase (egal ob kurz oder lang) wieder mit dem Trinken begonnen wird.
Ausrutscher und sogar Alkoholkonsum über eine kurze Zeit müssen nicht zwangsläufig zurück in die Sucht führen. So muss auch der Konsum von einem einzigen Glas nicht zwangsläufig als ein Rückfall betrachtet werden, obwohl natürlich das oberste Ziel einer Therapie die Abstinenz, also der totale Verzicht auf Alkohol ist. Sicher sind auch Sie mit der Idee vertraut, dass der Genuss einer Schnapspraline für einen Alkoholiker ein Rückfall ist. Doch auch das ist eher ein Mythos. Machen Sie sich bewusst, dass auch der Rückfall, wie die Sucht selbst, über verschiedene Stufen verläuft. Und bedenken Sie, dass Sie die Chance haben, von jeder Stufe des Rückfalls zur Abstinenz zurückzukehren. Bedenken Sie aber auch, dass es umso schwerer wird, je höher Ihr Alkoholkonsum ist. Allein schon aus diesem Grund heraus ist es natürlich ratsamer, von vornherein komplett auf Alkohol zu verzichten und dies auch beizubehalten.

Risikofaktoren - was begünstigt einen Rückfall?

Wie bereits erwähnt, gibt es für keinen Alkoholiker eine 100%-ige Sicherheit, niemals einen Rückfall zu erleiden. Das Einzige, was er quasi in seiner Hand hat, ist die Risikofaktoren zu reduzieren.
Denn niemals kommt ein Rückfall aus dem Nichts, sondern er wird durch verschiedene Risikofaktoren begünstigt. So steigt erfahrungsge-

mäß das Risiko für einen Rückfall mit jedem Rückfall, den Sie erleben. Und auch die Dauer der Alkoholsucht spielt eine wesentliche Rolle. Je länger Sie alkoholkrank waren, desto höher ist die Wahrscheinlichkeit, dass Sie einen Rückfall erleben. Zudem zählen der Rückfall in schädliche Verhaltensmuster, Depressionen, Ängste, ein geringes Selbstwertgefühl, Einsamkeit und Isolation, Dauerstress, einschneidenden Veränderungen etc. zu den größten Risikofaktoren für einen Rückfall. Es sind nämlich entgegen der landläufigen Meinung nicht körperliche Entzugserscheinungen oder reines Verlangen nach Alkohol, die einen Rückfall auslösen, sondern viel eher belastende Lebensumstände und das emotionale Befinden.
Der Rückfall wird außerdem begünstigt, wenn man fälschlicherweise davon ausgeht, man könne mäßig und kontrolliert trinken. Diese Einschätzung kann fatale Folgen mit sich bringen, wenn man von seinen unverantwortlichen Mitmenschen zum Trinken verführt wird, nach dem Motto: ‚Trink doch einen mit, der eine Schnaps macht doch nix.'
Sie sehen, wie unterschiedlich die Ursachen eines Rückfalls letztendlich sein können. Jeder Rückfall ist sehr individuell zu betrachten und auch genauso zu handhaben. Erfahrungen zeigen, dass mit einem Rückfall besser umgegangen werden kann und ein weiterer verhindert werden kann, wenn der Auslöser erkannt wird.

Und wenn man doch mal wieder getrunken hat

Für alle Beteiligten ist eine Rückfallsituation völlig belastend und lässt Ängste und Panik aufkommen, dass diese Krankheit niemals aufhören wird. Emotionen aus der Vergangenheit keimen wieder auf und bringen Erinnerungen hervor, die sich auf dramatische alkoholbedingte Situationen der Vergangenheit beziehen.
Und da ist es also nun passiert. Genau das, was man so gefürchtet hat, ist eingetreten: Ein Rückfall. Angst und Panik kriechen im Nacken bedrohlich hoch. Das schlechte Gewissen sich selbst und der Familie gegenüber ist auch schon da, und es scheint so, als wäre bald schon wieder alles wie gehabt. Das alte Leben hat kurz an die Tür geklopft.

Man hat irgendeinen Anlass zum Trinken genommen. Und eigentlich hatte dieses eine Glas ja überhaupt nicht geschmeckt. Man versuchte es dann mit dem nächsten Glas, aber auch hier schmeckte der Alkohol nicht wirklich gut. Auch die Wirkung, die man sich durch den Alkohol erhofft hatte, blieb einfach aus. Irgendwie eine ernüchternde Situation – irgendwie befremdlich und beängstigend zugleich. Doch irgendetwas Bekanntes kam dann doch noch heran: Die Abhängigkeit, ja, die war sofort wieder da.
Und nun steht man da wie ein begossener Pudel, hilflos, schutzlos und voller Panik, dass die Trinkerei ab jetzt wieder so weiter geht wie vor der langen Therapie. Alles für die Katz!? Ein Katzenjammer, wenn man an all die vielen Bemühungen, endlosen Therapiestunden und Anstrengungen denkt, die kurzfristig aus dem Alkoholsumpf herausgeführt hatten.

Sehen Sie in diesem Moment nicht alles so rabenschwarz. Sorgen Sie für einen klaren Kopf, und ziehen Sie Bilanz.
Schieben Sie in diesen Momenten erst einmal Ihre Panik zur Seite. Und das schlechte Gewissen stellen Sie sofort in die Ecke. Machen Sie sich stattdessen bewusst, dass Rückfälle zum Krankheitsbild des Alkoholismus gehören und damit nicht immer unvermeidlich sind. Als Alkoholiker ist man emotional, körperlich und sozial oftmals so sehr an den Alkohol gebunden, dass eine komplette Abstinenz nun mal eine gewaltige Herausforderung ist.
Machen Sie sich auch stets bewusst, dass ein Rückfall nicht bedeutet, dass Sie ein schlechter Mensch sind: Alkoholismus ist eine Krankheit, und Sie würden ja auch niemandem vorwerfen, wenn er beispielsweise bei Rheuma oder Diabetes einen Rückfall erleidet. In vielen Fällen geschieht ein Rückfall ohnehin nicht aufgrund von mangelndem Willen, sondern basiert auf organischen Veränderungen des Gehirns, die während der Sucht entstanden sind und sich nur langsam zurückbilden. Diese Tatsache sollte Ihnen allerdings nicht als eine gelegene Ausrede oder einfache Entschuldigung dienen – da würden Sie es sich allzu einfach machen.
Ein Rückfall ist in der Regel dann noch nicht als eine Katastrophe zu

sehen, wenn man mit dem Trinken sofort wieder aufhört und die Abstinenz fortsetzt. Das ist letztendlich das allerwichtigste, was Sie nach Ihrem Rückfall machen sollten: Umgehend mit dem Trinken aufhören, damit Sie nicht wieder in Ihren alten Trinkertrott hineingeraten. Allerdings sollten Sie den oder die Auslöser des Rückfalls identifizieren, um eine derartige Stolperfalle zukünftig vermeiden zu können.
Es liegt ganz in Ihrer Hand, dem Rückfall aktiv entgegen zu steuern. Treffen Sie Vorsorge, indem Sie sich ein soziales Netz schaffen, in dem man Sie versteht. Viele Betroffene berichten über sehr positive Erfahrungen mit Selbsthilfegruppen, die ja bereits mehrfach in diesem Buch angesprochen wurden. Diese bieten Unterstützung und Rückhalt. Hier trifft man auf ebenfalls alkoholabhängige Personen, die ganz ähnliche Erfahrungen hinter sich haben wie man selbst. Dies schafft eine sofortige Vertrauensbasis und ein Verständnis, das man anderweitig kaum finden wird. Und das bedeutet auch: Hier erhalten Sie auch Verständnis für Ihren Rückfall! Überhaupt sind der offene Umgang und das Sprechen über den Rückfall immens wichtig. Sie befreien sich so von Ihren Ängsten und Schuldgefühlen und können den Rückfall womöglich für sich auch besser verarbeiten.
Sollten Sie bereits mehrere Ausrutscher erlebt oder einen Rückfall erlitten haben, hilft kein Zögern und kein Warten: Begeben Sie sich sofort wieder in die Entgiftung. Je länger Sie damit warten, desto schwerer wird es sonst für Sie.

Rückfall während einer Therapie

Ein Rückfall während aktueller Therapien ist ein sehr heikles Thema, und wird von Kliniken oder anderen suchttherapeutischen Einrichtungen häufig sehr rigoros geahndet. In aller Regel nehmen diese Institutionen auch einen ‚bloßen Ausrutscher' bereits zum Anlass, dass die Therapie abgebrochen wird.

Rückfall als Chance

Ein Rückfall muss nicht grundsätzlich von vornherein als ein absolut dramatisches Ereignis gesehen werden. Sicherlich wäre man glücklicher, wenn ein Rückfall nicht eingetreten wäre. Das ist völlig selbstverständlich. Aber Rückfälle können auch als eine Chance betrachtet werden. Denn sie können aufzeigen, in welchen Situationen sich das Trinkverhalten einen Weg bahnt, und welche Auslöser dafür verantwortlich sind. In aller Regel ist es nicht schwer, die wahren Auslöser zu identifizieren. Am häufigsten finden sich hier Probleme innerhalb der Familie, Ängste oder Angst vor dem Leben und der Zukunft. Seien Sie in diesem Moment ehrlich zu sich selbst. Fragen Sie sich, warum Sie genau in dieser Situation wieder getrunken haben. Welches ungelöste Problem lastet anscheinend derart auf Ihrer Seele, dass Sie dieses zum erneuten Trinken verleitet hat? Fragen Sie sich in diesem Moment aber auch, durch welches Verhalten Sie den Rückfall hätten vermeiden können. Wenn durch einen Rückfall die entsprechenden Auslöser aufgedeckt werden, weil sie möglicherweise vorher noch nicht erkannt worden waren, dann bietet der Rückfall eine wichtige Chance, das Problem an der Wurzel zu packen. Das bedeutet, dass dann der jeweilige Auslöser therapeutisch behandelt werden kann und sollte, denn es macht keinen Sinn, nur allein den Alkoholismus zu behandeln, aber nicht die eigentlichen grundlegenden Probleme zu betrachten, die einen Menschen in den Alkohol treiben. Sehen Sie den Tag nach dem Rückfall als einen neuen Anfang. Sagen Sie sich, dass genau dieser Tag der Beginn Ihres lebenslangen alkoholfreien Lebens ist.

Strategien, um einen Rückfall zu vermeiden

Da man als Alkoholiker Gefahr läuft, irgendwann einen Rückfall zu erleiden, ist es wichtig, bestimmte Vorkehrungen zu treffen. Hierzu sollen Ihnen die folgenden Anregungen helfen.
Versuchen Sie, den Alkohol in jeder Form völlig aus Ihrem Leben zu verbannen. Das gilt auch für Medikamente wie Hustensäfte, Atem-

sprays, Energie-Tonika und vieles mehr, wo Sie eigentlich keinen Alkohol vermuten würden.

Die gleichen Tücken verbergen sich in vielen Lebensmitteln und Kosmetika, von denen man einen Alkoholgehalt nicht angenommen hätte. Dazu gehören: Alkohol-'freies' Bier, bestimmte Cremes, Gels, Lippenstifte, Parfüm und Mundspülungen mit Alkoholanteil, mitunter sogar Senf, Essig und Dosenprodukte.
Ganz besonders wichtig und hilfreich ist verhaltenstherapeutisches Training und eine unterstützende Psychotherapie. Gemeinsam mit Ihnen und Ihren Angehörigen sollte eine Art Krisenplan erarbeitet werden. Dieser sollte beinhalten, was zu tun ist, wenn tatsächlich ein plötzlicher Rückfall eintritt.

Hier lernen Sie Strategien der Rückfallvermeidung. Zudem lernen Sie, besser mit Ihrem Alltag umzugehen. Denn Sie wollen ja abstinent bleiben, auch wenn das Leben in seinen normalen Bahnen verläuft. Und das bedeutet, dass es Stress, Krisen und Probleme gibt, mit denen Sie zukünftig ohne Alkohol zurechtkommen müssen.
Ganz wichtig: Schaffen Sie sich Ihr persönliches Notfall-Programm, falls es doch einmal zu einem Ausrutscher kommt. Einer dieser Notfallpunkte könnte beispielsweise darin bestehen, so schnell wie möglich den Ort des Geschehens zu verlassen. Das heißt, falls Sie doch wider Ihrer eigentlichen Überzeugung Alkohol getrunken haben sollten, verlassen Sie so schnell wie möglich diesen Ort. Ja, bringen Sie sich sofort in Sicherheit, denn das ist der beste Schutz, um in diesem Moment einen weiteren Alkoholkonsum zu verhindern.
Sie sollten bereits beim ersten Ausrutscher aktiv werden. Verschweigen und Lügen bringt nichts, gehen Sie stattdessen offen und aktiv an das Problem heran. Suchen Sie einen Arzt, Therapeuten, Suchtberater oder eine Selbsthilfegruppe auf und reden Sie darüber!
Wie wir bereits erfahren haben, gibt es diverse Risikofaktoren, die einen Rückfall begünstigen können. Achten Sie also darauf, dass Sie Ihre persönlichen Risiken und Vorboten eines Rückfalls kennenlernen, um ihnen rechtzeitig auszuweichen.

Ein ganz wesentlicher Stützpfeiler zur Vermeidung von Rückfällen stellt selbstverständlich das persönliche Umfeld dar. Die Unterstützung der Familie, guten Freunden und Arbeitskollegen kann gar nicht hoch genug geschätzt werden, wenn es um die Erarbeitung von Rückfallstrategien geht.

Lassen Sie sich außerdem durch Ihre Therapeuten unterstützen. Fragen Sie Ihren Suchtberater, welche Notfallmaßnahmen er Ihnen zur Verfügung stellen kann. Vielleicht ist es möglich, dass Sie ihn anrufen können, falls Sie gerade Panik schieben, einen Rückfall zu erleiden.

Überhaupt sollten Sie stets einen engen Kontakt zu Ihren Therapeuten halten. Denn auch wenn es zu einem Rückfall gekommen sein sollte, sind sie meistens die besten Ansprechpartner. Sie haben Erfahrung mit Rückfällen, Sie kennen Ihre Situation und Probleme und können Ihnen mit passenden Tipps zur Seite stehen.

Einer der größten Fehler besteht sicherlich darin, einen eingetretenen Rückfall zu verheimlichen. Sie machen dann aus Ihrer Seele nicht nur womöglich eine ‚Mördergrube' und trinken alles in sich hinein, sondern Sie verringern Ihre Chance, den Rückfall als Chance zu nutzen. Wichtig ist, dass Sie den Auslöser des Rückfalls erkennen, sich Ihre Sorgen aber auch von der Seele reden können.

Aus prophylaktischer Sicht ist es außerdem wichtig, dass man mit alltäglichen Aufgaben nicht überfordert wird. Hier gilt es, die Belastungen nur schrittweise zu erhöhen und gleichzeitig immer für ausreichende Erholungsphasen zu sorgen. Um diese Balance zu finden, sollte man die Belastungen immer seiner aktuellen körperlichen und seelischen Verfassung anpassen.

Tipps im Überblick zur Vermeidung von Rückfällen

Der Weg zur dauerhaften Alkoholfreiheit ist beschwerlich. Umso ärgerlicher ist es, wenn Sie von Ihrem Weg abweichen und womöglich einen Rückfall erleiden, dessen Ausgang nicht absehbar ist. Die folgenden Tipps sollten Sie sich verinnerlichen und am besten in ausgedruckter Form an Ihren Kühlschrank oder einen anderen Ort hängen, den Sie täglich mehrmals aufsuchen. Also warum nicht auch auf der Toilette?

Sobald Sie merken, dass Sie unsicher werden, und eine Situation gefährlich für Sie werden könnte, erinnern Sie sich daran, wie hart und beschwerlich Ihr Weg bis heute war. Wollen Sie, dass all diese Bemühungen umsonst waren? Und schlimmer noch: Wollen Sie all das nochmals durchmachen, was Sie während Ihrer Entzugstherapie erlebt haben? Denn der nächste Entzug kommt bestimmt, aber auch bei dem wartet dann wieder ein harter steiniger Weg auf Sie.

- Entfernen Sie sich von Orten (z. B. Bars) oder Situationen, wo Sie Gefahr laufen, wieder Alkohol zu trinken.

- Vermeiden Sie Kontakte zu Menschen, die Sie in Ihrer Alkoholabstinenz nicht unterstützen und Sie zum Alkoholkonsum verführen.

- Entsorgen Sie Ihre alkoholischen Restbestände, die Sie möglicherweise noch Zuhause aufbewahren.

- Verfallen Sie nicht dem Gedanken, dass Sie kontrolliert trinken könnten. Dies ist ein Irrglaube, der schon manchen trockenen Alkoholiker wieder zurück in die nasse Phase befördert hat. Falls Sie es doch riskieren, werden Sie schnell wieder an dem Punkt ankommen, an dem Sie vor dem Entzug standen.

- Wenn Sie mit ihrer Familie oder anderen Mitbewohnern zusammenleben, bitten Sie diese, nicht in Ihrer Gegenwart Alkohol zu trinken.Informieren Sie Ihr gesamtes Umfeld, also Familienangehörige, Freunde, Bekannte, Nachbarn und Arbeitskollegen über Ihr Ziel, trockener Alkoholiker zu bleiben.

- Umgeben Sie sich immer mit Menschen, die Sie in Ihrem Vorhaben, trockener Alkoholiker zu bleiben, unterstützen und die auch in eventuellen Gefahrensituationen positiv auf Sie einwirken können.

- Belohnen Sie sich! Für jeden Tag, den Sie keinen Alkohol trinken, legen Sie beispielsweise einen Euro in Ihr Sparschwein. Kaufen Sie sich von dem Ersparten am Ende jedes Monats etwas ganz Besonderes, das Sie immer und immer wieder an Ihren tollen Erfolg erinnert. Wie wäre es mit einem besonderen Parfüm, einer schicken Handtasche, einer neuen CD, einem besonderen Spielfilm, einem Kurzurlaub oder einem Wellnesstag? Teilen Sie Ihre erreichten Erfolge Ihren Mitmenschen mit, um Ihre Freude zu teilen und Ihren Erfolg zu bestärken.

- Machen Sie sich Gedanken, wie Sie Ihre alkoholfreie Zukunft sehen. Visualisieren Sie ein festes Bild in Ihrem Gedächtnis, wie Sie sich in naher Zukunft als richtig glücklicher alkoholfreier Mensch sehen.

- Setzen Sie sich keine unerreichbaren Ziele, sondern wirklich nur solche, die Sie auch erreichen können. Andernfalls laufen Sie Gefahr, dass Sie aus lauter Frustration aufgeben.

- Suchen Sie sich ein neues oder altes Hobby, das Sie vom Alkohol ablenkt und Ihnen Spaß und Erfüllung gibt. Wie wäre es mit Sport, Radfahren, Wandern, einer Sammelleidenschaft oder einem kreativen Hobby?

- Wenn Sie nicht berufstätig sind, suchen Sie sich eine ehrenamtliche Aufgabe, die Ihnen eine Tagesstruktur ermöglicht. Unterstützen Sie hilfsbedürftige Kinder bei ihren Hausaufgaben, oder lesen Sie alten Menschen im Seniorenheim die Tageszeitung vor. Sie werden sehen, dass Ihnen so viel Dankbarkeit entgegengebracht wird, dass Sie diese Aufgaben lieben werden.

Ergänzend zu diesen Tipps ist es natürlich wichtig, dass Sie Ihre ambulante Therapie weiterführen, einen engen Kontakt zu Ihrem Suchttherapeuten pflegen und regelmäßig Ihre Selbsthilfegruppe aufsuchen.

Prognose

Nach wissenschaftlichen Erkenntnissen gibt es keine Heilung im eigentlichen Sinne. Die Alkoholsucht kann nur durch Abstinenz gestoppt werden, sodass die Krankheit sozusagen einen Stillstand erreicht, aber nicht geheilt wird. Denn suchtgefährdet bleibt ein trockener Alkoholiker ein Leben lang. Dies wird darauf zurückgeführt, dass es durch den Alkoholkonsum zu irreparablen Umbauprozessen im Gehirn gekommen ist.

Für die Betroffenen bedeutet dies, dass sie lernen müssen, trotz des Verzichts auf Alkohol und den damit verbundenen Einschränkungen, Zufriedenheit für ihr Leben zu erlangen. Auch wenn das Risiko, einen Rückfall zu erleiden, als recht hoch zu bezeichnen ist, so geben derzeitige Erkenntnisse Anlass zur Hoffnung. Denn nach heutigem Wissensstand sind nach 4 Jahren immerhin noch 45 % der Patienten, die eine Entwöhnungstherapie durchlaufen haben, alkoholabstinent. Das heißt, dass immerhin jeder Zweite, der therapiert wird, langfristig erfolgreich ist und wieder voll in sein familiäres und berufliches Umfeld integriert wird. Auch eine Verbesserung der Gesundheit und des Allgemeinbefindens wird durch die Alkoholabstinenz meistens erreicht.

Dennoch darf nicht ignoriert werden, dass ca. 55 % der therapierten Alkoholiker rückfällig werden. In vielen Fällen führt eine gewisse Leichtfertigkeit zum erneuten Alkoholkonsum, indem die Betroffenen dem Irrtum unterliegen, sie könnten nach einer Phase des Alkoholverzichts wieder mit Alkohol umgehen. Ein fataler Irrtum, dem auch häufig die Angehörigen unterliegen. Sobald wieder Alkohol getrunken wird, landet der Alkoholiker nämlich genau dort, wo er vor seiner

Therapie bereits stand, und zwar innerhalb kürzester Zeit. Dabei erreicht er sehr schnell nicht nur den gewohnten Alkoholkonsum wie vor der Therapie, sondern oftmals neigt er dazu, sogar noch mehr zu trinken.

Warum die Gefahr von Rückfällen so hoch ist, wird auf verschiedene Gründe zurückgeführt. In erster Linie hängt es mit der Motivation des Alkoholikers zusammen, weil dessen Wille häufig nicht stark genug ausgeprägt ist, um für immer alkoholfrei zu leben. Nur ein stabiler und kontinuierlich verfolgter Wunsch, nie wieder sein Leben vom Alkohol bestimmen zu lassen, führt in der Regel zum Ziel. Leider ist bei vielen Betroffenen dieser Wunsch, als auch die Bereitschaft, an der Erkrankung aktiv mitzuarbeiten, nur halbherzig ausgeprägt, was das Scheitern einer Therapie zwangsläufig begünstigt.

Eine Alkoholabhängigkeit ist nun mal keine Krankheit wie die meisten anderen, deren Behandlung man in vielen Fällen komplett dem Therapeuten überlässt. Die Therapie einer Alkoholabhängigkeit ist anstrengend und kann nur von Erfolg gekrönt werden, wenn der Betroffene ganz aktiv mitarbeitet und sein Ziel, die lebenslängliche Alkoholabstinenz, auch wirklich aus vollem Herzen erreichen will.

Doch auch bei sehr günstigen Verlaufsprognosen darf man die Augen nicht davor verschließen, dass es jederzeit wieder zu einem Rückfall kommen kann. Diese Alkoholkarrieren ziehen sich dann über viele Jahre hin. Sie sind in vielen Fällen mit massiven, persönlichen Einbußen verbunden wie dem Verlust der Familie, des Arbeitsplatzes, des Freundeskreises und der finanziellen Sicherheit. Hinzu kommt, dass die Gesundheit im Laufe der Zeit immer desolater wird und auch irreparable Schäden auftreten können. Leber-, Herz- und Nervenerkrankungen sind nur einige der alkoholbedingten Folgeerkrankungen. Auch die Wahrscheinlichkeit, dass sich aufgrund des Alkoholkonsums Krebs entwickelt oder sich ein Unfall im Straßenverkehr, zu Hause oder am Arbeitsplatz ereignet, steigt deutlich an. So ist es die logische Konsequenz, dass die Alkoholabhängigkeit zu einer verkürzten Lebenserwartung führt. Bei Alkoholikern, die keine Therapie durchlaufen, geht man davon aus, dass deren Lebenserwartung um ca. 15

Jahre reduziert ist. Doch häufig sind es die Betroffenen sogar selbst, die ihrem Leben ein Ende setzen. Denn ein weiteres Risiko der Alkoholsucht besteht darin, dass die Suizidgefahr mit der Dauer der Erkrankung bedenklich ansteigt. Die Betroffenen wissen keinen Ausweg mehr, haben möglicherweise schon einige erfolglose Therapien hinter sich und sehen keine Perspektive mehr, wie sie aus ihrer Sucht aussteigen können. Die Selbstmordrate bei Alkoholikern gilt als überdurchschnittlich hoch im Vergleich zu Nichtalkoholikern.

Eine besondere Herausforderung bei einer Drogensucht ist in vielen Fällen das bisherige Umfeld. Wenn der Freundeskreis überwiegend aus ebenfalls süchtigen Personen besteht, ist es in der Regel äußerst schwierig, diese Kontakte als trockener Alkoholiker weiterhin aufrecht zu erhalten. Denn schnell landet man dann wieder in seinem alten Leben mit einem alkoholabhängigen Freundeskreis, in dem sich niemand aufhält, der keine Drogen konsumiert. Wenn die Sucht so stark ausgeprägt sein sollte, ist häufig ein kompletter Ortswechsel eine gute Lösung. Dieser Wechsel erfolgt oftmals über einen Umweg, der zunächst in eine Suchtklinik führt. Wenn es hier gelingt, ‚clean' zu werden, öffnen sich ganz neue Lebensperspektiven, die ein Zurück in alte Freundeskreise im Sinne der Genesung ausschließen.

ANGEHÖRIGE

Symptome und Anzeichen
Wie kann eine Alkoholsucht erkannt werden?

Je früher eine Alkoholabhängigkeit festgestellt wird, desto besser gilt die Prognose für den gesamten Krankheitsverlauf. Doch ist gerade die Diagnose der Alkoholsucht ein heikles Thema, das niemand gerne offensiv angeht, auch nicht die Ärzte.

Dennoch wird vielfach davon ausgegangen, dass es letztendlich die Ärzte sind, die eine Alkoholabhängigkeit ihrer Patienten aufdecken.

Viel häufiger sind es jedoch Familienangehörige oder enge Freunde, die auf die Alkoholabhängigkeit aufmerksam werden. Besonders den Menschen, die mit dem Alkoholiker in einem Haushalt leben, wird im Laufe der Zeit der zunehmende Alkoholkonsum auffallen. Ihnen kommt bei der Diagnose und somit den ersten Schritten in der Behandlung der Erkrankung also eine große und entscheidende Rolle bei. Denn ohne ihre Unterstützung geht es oftmals nicht vorwärts. Sie müssen in diesen Momenten als treibende Kraft fungieren, wenn es um die Erkennung und Behandlung der Erkrankung geht.

Viele Angehörige von Alkoholikern machen sich nach der Diagnose Vorwürfe, dass sie die Erkrankung nicht frühzeitiger erkannt haben oder klare Signale falsch interpretiert haben. Doch während man viele andere Krankheiten durch deutliche Symptome feststellen kann, wie beispielsweise durch Schmerzen, Erbrechen oder Blutungen, verhält sich dies bei der Alkoholabhängigkeit völlig anders. Bis es zu auffallenden körperlichen Beschwerden kommt, vergehen oft wertvolle Jahre, in denen die Krankheit unaufhaltsam fortschreitet.

Dabei kommt erschwerend hinzu, dass der Betroffene selbst eine mögliche Alkoholerkrankung strikt leugnet und mit Abwehr reagiert, sobald er auf sein Trinkverhalten angesprochen wird. Er wird es bagatellisieren und abstreiten, dass er übermäßig viel Alkohol trinkt. Auch die vielen Heimlichtuereien, um die Alkoholsucht zu vertuschen, erschweren es den Angehörigen, die Krankheit aufzudecken.

Als Angehöriger, der den Verdacht hegt, dass sich ein ernsthaftes

Suchtproblem anbahnt oder sich dieses bereits manifestiert hat, ist man verständlicherweise besorgt, aber zugleich auch unsicher. Welche körperlichen oder verhaltenstechnischen Anzeichen und Symptome gibt es überhaupt, die auf die Erkrankung hinweisen? Vielleicht deutet man die verdächtigen Symptome ja ganz falsch und tut seinem Angehörigen möglicherweise noch Unrecht? Verständlich, dass man sich diese Gedanken macht und natürlich auch keine falschen Verdächtigungen hegen will.
Man ist ja medizinischer Laie, und hat bisher mit Krankheiten und Suchtverhalten wahrscheinlich nur wenig zu tun gehabt. Dass man sich demzufolge nicht mit Beschwerdebildern und einem auffälligen Verhalten von Alkoholikern auskennt, ist logisch.

Aber welche Auffälligkeiten gibt es, die für eine Alkoholabhängigkeit sprechen, und die von Außenstehenden erkennbar sind?

Wenn wir von den verhaltenstechnischen Auffälligkeiten ausgehen, ist es besonders die Heimlichtuerei, die man als Angehöriger bemerkt. Diese äußert sich darin, dass der Angehörige am liebsten ungestört und ganz allein trinkt. Dieses Verhalten fällt beispielsweise dadurch auf, dass am nächsten Morgen ein weiteres benutztes Glas in der Küche steht, das abends zuvor noch nicht dort war. Vielleicht sind Sie ja derjenige, der abends immer als erster ins Bett geht, und Ihr Lebenspartner hat dann nichts ‚besseres' zu tun, als den heimlichen Griff zur Flasche zu pflegen.

Hinzu kommt, dass sich der Alkoholiker immer weiter von nicht trinkenden Menschen zurückzieht. Auch sein zunehmendes aggressives Verhalten, rechthaberisches Auftreten und Konflikte basierend auf banalen Anlässen sind oftmals deutliche Hinweise, die von Angehörigen als warnende Signale wahrgenommen werden sollten.

Treten schließlich noch diverse körperliche Symptome auf wie ernsthafte Schlafstörungen, morgendliche Übelkeit, Zittern der Hände, Schweißausbrüche und Durchfälle, dann sollte man als Angehöriger das Thema des Alkoholproblems unbedingt ernst nehmen und gegebenenfalls auch ansprechen. Doch muss man sich als Angehöriger, der das Thema auf den Tisch bringt, darüber im Klaren sein, dass seine Äußerungen nicht gerade auf Gegenliebe treffen werden. Vielmehr wird es zu Abweisungen und Leugnungen kommen, das ist ein völlig normales Verhalten, das jeder Alkoholiker zunächst an den Tag legen wird. Zu seinen Abwehrmechanismen gehört es, dass ein Alkoholiker denjenigen, der das Alkoholproblem anspricht, mit allen erdenklichen Argumenten zu überzeugen versucht, dass es kein Problem mit Alkohol gibt, und dass eine Therapie nicht erforderlich ist.

Je mehr der Alkoholiker seine Sucht leugnet und abstreitet, desto schwerer wird es, seine Krankheit zu diagnostizieren. Dies ist auch der Grund, warum es meistens am erfolgreichsten ist, das Alkoholproblem anzusprechen, wenn ein aktueller Fall eingetreten ist, der mit dem Alkoholkonsum in Verbindung steht wie beispielsweise ein alkoholbedingter Unfall oder eine Gewalttätigkeit. Sollte es derzeit keinen aktuellen Anlass geben, den Sie als Aufhänger nutzen könnten, orientieren Sie sich bei einem Verdacht auf eine Alkoholabhängigkeit an den nachfolgenden Hinweisen.

Überlegen Sie beispielsweise, ob Ihr Lebenspartner seit einiger Zeit bestimmte Dinge vernachlässigt. Was ist mit seinen Freizeitaktivitäten und Hobbys? Verbringt er noch genauso viel Zeit damit wie in früheren Jahren?

Sind Ihnen in letzter Zeit Gedächtnislücken Ihres Lebenspartners aufgefallen? Kann er sich an bestimmte Gespräche, Erlebnisse oder Verpflichtungen nicht mehr erinnern? Wird er zunehmend vergesslicher? Verpasst er wichtige Termine und hält sich nicht an Vereinbarungen? Er taucht einfach zu seinen Verabredungen nicht auf, obwohl sie ihm im Vorfeld doch so wichtig erschienen? Gibt es Auffälligkeiten am Arbeitsplatz? Geht er regelmäßig zum Arbeiten, oder häufen sich seine Fehlzeiten? Hat es in der jüngsten Vergangenheit möglicherweise eine Abmahnung gegeben, aber der Ihnen mitgeteilte Grund dafür kam Ihnen nicht plausibel vor? Verfolgt Ihr Lebenspartner regelmäßig ein bestimmtes Ritual, wenn es um das Trinken von alkoholischen Getränken geht? Ist er beispielsweise nach dem Abendessen grundsätzlich verärgert, wenn Sie ihm - aus welchen Gründen auch immer

- diese geliebte Gewohnheit madig machen?
Reagiert er mit Abwehr, wenn Sie ihm eine Frage bezüglich seiner allabendlichen Trinkgewohnheiten stellen?
Was passiert, wenn Ihr Lebenspartner aus irgendeinem Grund keinen Alkohol zur Verfügung hat? Nehmen wir an, er hat einfach vergessen, für Nachschub zu sorgen.
Wie reagiert er in diesen Momenten?
Wird er aggressiv, oder wirkt er gereizt? Schickt er Sie zur nächsten Tankstelle, weil er selbst schon zu viel getrunken hat, um noch Auto zu fahren?
Wo bewahrt Ihr Lebenspartner die Alkoholreserven auf?
Sind es ungewöhnliche Orte, an denen es eher unangebracht ist, den Alkohol unterzubringen? Hortet er die Flaschen im Auto, im Kleiderschrank, im Werkzeugkeller oder im Sekretär – also an Orten, die den Alkoholvorrat nicht unbedingt vermuten lassen würden?

Wie stark hat Ihr Partner den Alkoholkonsum unter Kontrolle? Kann er den Verzehr begrenzen, oder ist er nicht in der Lage, mit dem Trinken aufzuhören, wenn Sie ihn darum bitten?

Ist es jemals zu Konflikten mit den Gesetzesvorschriften gekommen? Was ist mit vergangenen Beziehungen? Warum sind sie zerbrochen? War der Alkohol damals schon ein Störenfried? Wie kontinuierlich waren die bisherigen Arbeitsverhältnisse Ihres Lebenspartners? Gab es zwischendurch immer wieder unerklärliche Unterbrechungen?
Überdenken Sie auch die finanzielle Gesamtsituation, denn Alkohol kostet auf Dauer viel Geld. Ist das Girokonto grundsätzlich leer oder schon Mitte des Monats hoffnungslos überzogen?
Kommen wir nun zu den körperlichen Auffälligkeiten, die aufgrund des Alkoholkonsums auftreten können.
Gibt es eine bestimmte Toleranzgrenze, die erreicht werden muss, damit der Alkohol den gewünschten Effekt erreicht? Und ist diese Grenze zunehmend schwieriger zu erreichen?
Was passiert, wenn nicht die erforderliche Alkoholmenge konsumiert wird? Wie reagiert der Körper? Treten womöglich Entzugser-

scheinungen in Form von Schwitzen, Zittern oder Übelkeit auf? Wie schläft Ihr Partner, plagen ihn Alpträume oder nächtliche Schweißausbrüche? All diese Symptome können den Verdacht auf einen Problem mit Alkohol erhärten.

Da Personen, die Alkoholmissbrauch betreiben, aber noch nicht alkoholabhängig sind, sehr ähnliche Verhaltensweisen und Auffälligkeiten aufweisen können, ist es in Einzelfällen schwierig, eine genaue Abgrenzung vorzunehmen. Allerdings sollte auch in diesen Fällen der Alkoholkonsum sehr ernst genommen werden, denn der Schritt in die Abhängigkeit ist in diesem Stadium nicht mehr weit, und das Loskommen vom Alkohol kann auch in dieser Phase ohne professionelle Hilfe schon unmöglich sein.

Spätestens dann, wenn es zu körperlichen Entzugserscheinungen kommt, sobald kein Alkohol zur Verfügung steht, liegt jedoch eine Alkoholabhängigkeit vor.

Und bevor sich die gesamte Situation noch weiter verschlechtert, sollte man alles daran setzen, den Angehörigen von einer notwendigen Therapie zu überzeugen. Es ist allerdings zwecklos, ihn zu einer Therapie zu zwingen. Die wesentlichste Voraussetzung für eine erfolgreiche Behandlung ist es nun mal, dass sich der Alkoholiker zu seiner Erkrankung bekennt und sich von sich aus bereiterklärt, Hilfe anzunehmen. Alles andere würde nur zu einer weiteren Verschlimmerung der Situation führen, indem er noch mehr Alkohol trinkt, sich noch mehr zurückzieht, sodass er gar nicht mehr zugänglich ist, oder dass er sogar mit Aggressionen und Gewalttätigkeit reagiert.

Wenn Sie als Angehöriger schließlich in einer ausweglos erscheinenden Situation angekommen sind, holen Sie sich Rat und Unterstützung von einer Suchtberatungsstelle. Hier wird man Ihnen Ratschläge geben, wie Sie Ihren Angehörigen zu einem Einlenken und Anerkennen der Erkrankung bewegen können. Schildern Sie genau Ihre Situation, sodass man Ihnen für Sie passende Lösungsvorschläge unterbreiten kann. Vertrauen Sie auf diese professionelle Erfahrung, über die die Beratungseinrichtungen seit vielen Jahren im Umgang mit Alkoholikern verfügen.

Jedoch darf man nicht unberücksichtigt lassen, dass letztendlich immer der Wille des Betroffenen ganz entscheidend ist. Denn nur, wenn er von sich aus erkennt und auch akzeptiert, dass er alkoholabhängig ist, macht eine Therapie überhaupt Sinn. Das heißt, dass allein von seinem Willen und Durchhaltevermögen der Erfolg der Behandlung abhängt.

Gehen wir nun davon aus, dass endlich dieser langersehnte Tag gekommen ist. Die Einsicht, dass sich etwas verändern muss ist da, und der Wille, ernsthaft mit dem Trinken aufzuhören, auch. In der Regel ist es ein längerer Prozess, bis dieses Ziel erreicht ist. Seien Sie als Angehöriger also nicht verzweifelt und ungeduldig, wenn Ihr Familienmitglied nicht sofort in eine Therapie einwilligt. Er wird seine Zeit brauchen, das ist völlig normal.

Ist aber die erste Einsicht gewonnen, gilt es, so professionell wie möglich vorzugehen. Am besten informieren Sie sich bereits im Vorfeld umfangreich über die therapeutischen Möglichkeiten, die in Ihrer Region vorhanden sind. Sprechen Sie am besten auch rechtzeitig mit dem behandelnden Hausarzt, denn er wird auch während der Therapie immer der wichtigste Ansprechpartner und Lotse bleiben. Vielleicht werden Sie in dieser Zeit feststellen, dass Ihr Hausarzt möglicherweise doch nicht ganz in Ihrem Sinne agiert, vielleicht zu lasch mit Ihren Sorgen umgeht, Ihnen nicht ausreichend zuhört, weil er mit seinem anderen Ohr schon längst bei seinem nächsten Patienten weilt. Zögern Sie in diesem Fall nicht, ihn zu wechseln!

Ja, auch wenn Sie diesen Hausarzt schon seit vielen Jahren haben, scheuen Sie sich wirklich nicht, ihn zu wechseln, wenn Sie sich mit Ihrem Thema bei ihm nicht gut aufgehoben fühlen. Vielleicht hat er auch zu wenig Erfahrung mit Alkoholabhängigkeit, sodass Sie bei einem seiner Kollegen viel besser aufgehoben sein könnten. Da eine Alkoholsucht keine lapidare Grippe ist, für die man nur einmal den Hausarzt aufsuchen muss, ist ein vertrauensvolles Verhältnis zum behandelnden Arzt von enormer Wichtigkeit.

Gemeinsam mit dem Alkoholiker und idealerweise auch dem Lebenspartner wird der Arzt festlegen, welche Art der Entwöhnung nach einer erfolgreichen Entgiftung am geeignetsten für den jeweiligen Patienten ist. Da sich eine Therapie nur selten kontinuierlich nach vorne bewegt, sondern auch von Enttäuschungen, kleinen Rückschlägen und vielleicht auch falschen Erwartungen begleitet wird, ist es von enormer Wichtigkeit, dass der Betroffene zu jedem Zeitpunkt seiner Therapie die Unterstützung seines gesamten Umfeldes erfährt.

Familienangehörige – das wertvolle Fundament

Wenn ein Familienmitglied an Alkoholsucht erkrankt, betrifft dies immer zwangsläufig alle Familienmitglieder. Ganz automatisch werden durch die Krankheit auch alle anderen Familienangehörigen mit den Problemen und Begleiterscheinungen konfrontiert, die zu sehr einschneidenden Veränderungen im Alltag führen können. Sehr häufig leben diese Mitbetroffenen viele Jahre lang 24 Stunden am Tag mit all den Schattenseiten, die diese schwerwiegende Erkrankung mit sich bringt.

Durch die Alkoholabhängigkeit sind sie in vielerlei Hinsicht gefordert, indem sie nicht nur die möglicherweise sehr ausfallenden Alkoholeskapaden aushalten und ertragen müssen, sondern sie fühlen sich auch meistens in der Verantwortung, den Erkrankten schützen zu müssen, damit bloß nichts von der Krankheit nach außen dringt. Wie bei einer unzerstörbaren Festung stehen dann häufig die Familienmitglieder Seite an Seite und am Ende, wenn die Krankheit ‚öffentlich gemacht wird'. Denn angeblich hatte niemand etwas von der Alkoholabhängigkeit geahnt.

Doch nicht jeder Angehörige fühlt sich der Herausforderung gewachsen, ein alkoholkrankes Familienmitglied in diesem Umfang zu betreuen. Man muss schließlich bedenken, dass der Betroffene selbst entweder in seinem Alkoholnebel aufgefangen wird oder aber, wenn er sich einer Therapie unterzieht, hier sein Auffangnetz findet. Die Angehörigen jedoch sind in vielen Fällen auf sich allein gestellt. Für sie gibt es vergleichsweise wenige therapeutische Möglichkeiten, die sie auffangen können, damit sie ihrer Aufgabe gewachsen sind.

So bedeutet die Erkrankung für die Angehörigen oftmals eine große Belastung und einen Balanceakt, den sie vormals nie in ihrem Leben erlernt haben. Sie müssen häufig durch eigenes Ausprobieren erfahren, wie der Umgang mit dem erkrankten Familienmitglied möglich ist. Und diesen Umgang müssen alle Angehörigen lernen, egal ob Ehepartner, Tochter, Sohn, Schwester, Bruder oder Oma und Opa. Jeder für sich muss einen Weg finden, wie er mit dem Erkrankten umgehen kann, um nicht selbst zu stark unter der möglicherweise bedrückenden Situation zu leiden. Dabei gilt es aber auch, dem Betroffenen dennoch genug Halt zu geben, damit dieser trotz seiner Krankheit eine mögliche Normalität erfahren kann. Denn jede Hilfe ist wichtig für den Alkoholiker, auch wenn sie zunächst noch so klein erscheint.

Viele Familienangehörige sind besonders in der Anfangsphase schnell überfordert, insbesondere wenn noch keine professionelle Hilfe in Anspruch genommen wird. Wenn alles noch irgendwie unausgesprochen im Raum steht und nicht richtig greifbar ist. Da hat man als Angehöriger zwar den Verdacht, dass der Partner zu oft zur Flasche greift, aber man ist mit so vielen Unsicherheiten behaftet, dass man sich wie gelähmt fühlt.

Doch je weiter die Krankheit fortschreitet, desto schwieriger gestaltet sich das Familienleben. Der Alltag erfordert immer mehr Einschränkungen, weil der erkrankte Partner immer öfter immer größere Mengen trinkt.

Freizeitaktivitäten, wie sie vor der Erkrankung an der Tagesordnung waren, kann man nicht mehr gemeinsam nachgehen. Besonders schwierig wird es, wenn noch ein Arbeitsverhältnis besteht und das aufgrund der Erkrankung zunehmend in Gefahr gerät. Oder wenn es ein Jugendlicher ist, der noch zur Schule geht und bereits vom Alkohol abhängig ist, können ernsthafte Probleme in der Schule auftreten.

Die Probleme werden dabei mit jedem Tag noch größer und neue gesellen sich hinzu.

Dennoch – ab dem Tag der ‚offiziellen Diagnose' ist man nicht mehr völlig allein. Denn es gibt Hilfe von außen, einen hoffentlich verständnisvollen Therapeuten und möglicherweise auch eine Klinik, in der sich der Erkrankte wohl fühlt und seinen Gesundheitszustand annehmen und verbessern kann. Während in früheren Jahren die Angehörigen in die Therapiekonzepte meistens nicht integriert wurden, kommt es mittlerweile immer häufiger vor, dass sie in das Behandlungskonzept eingebunden werden. Sie sollten im Idealfall nicht mehr als störende oder gar schuldige Familienangehörige ausgegrenzt, sondern als wertvolle Wegbegleiter der Erkrankten gesehen werden.

Einige Kliniken, die auf Suchterkrankungen spezialisiert sind, bieten spezielle Seminare für Angehörige an. Die Anreise der Angehörigen erfolgt dann beispielsweise über ein Wochenende während des Klinikaufenthaltes des Betroffenen. So sind neben therapeutischen Einzelgesprächen mit den Angehörigen auch gemeinsame Maßnahmen möglich. Die behandelnden Therapeuten haben hierdurch die Möglichkeit, nicht nur die Angehörigen in ihrer Unterstützung zu schulen und in ihrer Motivation zu stärken, sondern sie erhalten darüber hinaus von den Familienmitgliedern meistens sehr wichtige Informationen, die die ganze Therapie möglicherweise begünstigend beeinflussen können.

Ein besonderes Augenmerk wird zunehmend auch auf die Kinder gerichtet, wenn ein Elternteil erkrankt ist. Denn sie sind der Erkrankung meistens völlig schutz- und hilflos ausgeliefert und erfahren möglicherweise in dieser prägenden Lebenszeit sehr einschneidende Erlebnisse, die gravierende Auswirkungen auf ihr weiteres Leben haben können. So werden sie Schuldgefühle entwickeln, weil sie sich für den schlechten Gesundheitszustand des erkrankten Elternteils verantwortlich fühlen. Und wenn aufgrund eines starken Alkoholkonsums der gewohnte und direkte Kontakt zu dem erkrankten Elternteil nicht möglich ist, führt dies möglicherweise zu prägenden Verunsicherungen. Sie wollen in diesen Momenten wissen, warum sich der Vater oder die Mutter genauso und eben nicht anders verhält. Kinder brauchen in solchen Momenten altersentsprechende Erklärungen und Hilfestellungen, damit sie in ihrer kindlichen Entwicklung keine bleibenden Störungen davon tragen. Möglicherweise ist es daher sinnvoll, das Kind auch therapeutisch zu begleiten, damit es möglichst unbeschadet aus der Situation hervorgehen kann. Hilfreich ist oftmals auch das Hinzuziehen einer weiteren Bezugsperson, die möglichst aus der Familie rekrutiert werden kann, wie beispielsweise die Großeltern oder Patentante.

Um also die gesamte Familie im Umgang mit der Krankheit vorzubereiten, ist es sinnvoll, direkt zu Beginn entsprechende und individuell angepasste Beratungsgespräche mit allen Beteiligten zu führen. Dies fördert das Verständnis für das erkrankte Familienmitglied und hilft dabei, gewisse Unsicherheiten zu beseitigen. Auch das Gefühl, dass man sich als Familie mit seinem Schicksal allein gelassen fühlt, kann auf diese Art und Weise reduziert werden.

Tipps für Angehörige

Für Angehörige von Alkoholabhängigen bedeutet die Krankheit eine große Herausforderung. Besonders zu Beginn der Erkrankung, wenn noch keine Erfahrungen im Umgang mit verschiedenen Situationen vorliegen, kommt es oftmals zu anstrengenden Konflikten, Vorwürfen, Missverständnissen, Aggressionen und vielen anderen Erschwernissen.

Zwar wollen die Angehörigen eigentlich immer nur das Beste und dem erkrankten Familienmitglied helfen, aber nicht immer sind ihre gut gemeinten Ratschläge auch tatsächlich der Situation angepasst oder hilfreich.

Die folgenden Tipps sollen den Angehörigen dazu verhelfen, gezielter helfen zu können, wenngleich jeder Fall natürlich sehr individuell zu betrachten ist.

Eines der größten Probleme besteht meist darin, dass sich der alkoholabhängige Angehörige nicht helfen lassen will. Was also ist zu tun, wenn man hilflos vor seinem Angehörigen sitzt, tatenlos mit ansehen muss, wie dieser sich und die ganze Familie mit jedem Tag mehr in den Abgrund befördert und jegliche Einsicht und Hilfe ablehnt? Ganz sicher – dies ist eine der größten Herausforderungen, mit denen Angehörige konfrontiert werden.

Die folgenden Maßnahmen können Ihnen als Angehörige dazu verhelfen, aus dieser unbefriedigenden Situation herauszukommen:

Schluss mit Ausreden

Viele Angehörige neigen dazu, das erkrankte Familienmitglied nach außen hin zu schützen. Keine Ausrede ist zu schlecht, als dass sie zum Schutz des Betroffenen herhalten muss. Nach außen hin wird trotz größter innerfamiliärer Schwierigkeiten die Fassade der heilen Welt aufrechterhalten. Bei allem Verständnis für dieses Verhalten – es hilft Ihnen und Ihrem Angehörigen langfristig nicht. Es ist wichtig, dass Sie das schützende Verhalten beenden, damit Ihr Angehöriger in allen Bereichen die klaren Konsequenzen erfährt, die sein Verhalten mit sich bringt.

Neutrale Ansprache

Wenn Sie sich noch in der Anfangsphase befinden, in der Sie herausfinden müssen, in welchem Ausmaß die Alkoholsucht vorhanden ist und inwieweit sich Ihr Angehöriger mit seinem eigenen Alkoholkonsum auseinandergesetzt hat, versuchen Sie es zunächst mit einer neutralen Ansprache. Diese sollte ganz ohne Bewertungen erfolgen. Es geht darum, das Thema Alkoholabhängigkeit grundsätzlich erst einmal auf den Tisch zu bringen.

Es soll Ihnen dazu verhelfen, festzustellen, inwieweit er sich überhaupt über seinen übermäßigen Alkoholkonsum bewusst ist. Fragen Sie ihn z. B., warum er so oft zur Flasche greift. Zu diesem Zweck kann es beispielsweise hilfreich sein, von seinen eigenen Alkoholerfahrungen zu erzählen und gemeinsam die Vor- und Nachteile von überhöhtem Alkoholkonsum zu erörtern.

Was bewirken Vorwürfe?

Leider kommt es aus der Hilflosigkeit der Angehörigen heraus häufig zu verletzenden Schuldzuweisungen und Vorwürfen. Da werden Dinge auf den Tisch gebracht, die der Situation und der Problemlösung oft nicht dienlich sind. Auch wenn Sie möglicherweise von der Sache her richtig sein mögen, so bewirken Vorwürfe oft nur unerwünschte

Reaktionen. Meistens helfen diese Vorwürfe dem erkrankten Familienmitglied nicht weiter, sondern führen stattdessen zu noch mehr Alkoholkonsum. So erreicht man mit Vorwürfen leider allzu oft genau das Gegenteil von dem, was man eigentlich mit ihnen beabsichtigt hatte. Statt zur Einsicht zu kommen, dass man mit dem Trinken aufhören sollte, wird dann eher auf stur geschaltet und noch mehr Alkohol heruntergeschluckt.
Bedenken Sie immer, dass Ihr Familienangehöriger nicht mit Absicht in die Alkoholabhängigkeit gerutscht ist. Und ganz sicher würde er lieber noch gestern als heute mit dem Trinken aufhören.

Halten Sie den Spiegel vor

Anstatt Ihren Angehörigen mit Vorwürfen zu konfrontieren, sollten Sie ihm quasi seinen eigenen Spiegel vorhalten. Bedenken Sie, dass Alkoholeinfluss zu einer veränderten Wahrnehmung führt, sodass einem Alkoholiker nicht immer bewusst ist, wie sein eigenes Verhalten auf das Umfeld wirkt. Daher ist es wichtig, dass Sie ihm Rückmeldungen geben, damit er reflektieren kann, wie er von seinen Mitmenschen wahrgenommen wird.

Die beste Zeit zum Handeln

Wann ist der beste Zeitpunkt, um den Angehörigen greifen zu können? Wann ist es am erfolgversprechendsten, mit ihm ein klärendes Gespräch zu führen und ihn zu einer Therapie zu bewegen?
Erfahrungsgemäß kann man einen Alkoholabhängigen am besten direkt nach einer heftigen Alkoholattacke erreichen, sobald er wieder in einem nüchternen Zustand ist. Wenn beispielsweise durch den Alkoholkonsum ein schwerwiegendes Ereignis eingetreten ist wie ein Unfall, Führerscheinverlust, Hinfallen des Betroffenen oder besonders extreme Aggressionen – dann sollte man dieses Ereignis zum Anlass nehmen und ein ernsthaftes Gespräch beginnen. Wählen Sie hierfür einen Zeitpunkt, zu dem der Betroffene nüchtern ist. In diesem

Moment ist die Chance am größten, dass Sie ruhig miteinander umgehen und kommunizieren können.

Es kann für Sie hilfreich sein, sich schon im Vorfeld auf dieses Gespräch vorzubereiten. Sie als Angehöriger wissen, dass es ja eigentlich nur eine Frage der Zeit ist, wann Sie dieses Gespräch führen werden. Machen Sie sich schon mal die eine oder andere Notiz, die Sie dann in diesem wichtigen Moment schnell als Spickzettel zur Hand haben.

Sie sollten während dieses Gesprächs möglichst konkrete Angaben machen und Ihrem Angehörigen genau vermitteln, welche Ängste und Sorgen Sie genau haben. Bringen Sie hierfür konkrete Beispiele an, die in der Vergangenheit bereits aufgrund der Alkoholsucht aufgetreten sind. Welche Situationen gab es, die bedingt durch den erhöhten Alkoholkonsum entstanden sind und für Sie sehr belastend waren? Wärmen Sie dabei nicht ‚alte Kamellen' auf, sondern nehmen Sie möglichst aktuelle Begebenheiten aus der jüngsten Vergangenheit.

Machen Sie klare Ansagen

Vermitteln Sie Ihrem Angehörigen, welche Dinge Sie konkret tun werden, wenn er nicht mit dem Trinken aufhört. Hierbei geht es nicht darum, Ihren Angehörigen zu bestrafen oder leere Drohungen in den Raum zu werfen, sondern es geht vielmehr um Ihren eigenen Schutz. Bleiben Sie mit Ihren Ansagen in realistischen Dimensionen. Drohen Sie nur das an, was Sie wirklich auch umsetzen würden. Überlegen Sie sich daher im Vorfeld sehr genau, ob Sie tatsächlich die Konsequenz durchziehen würden, wie z. B. aus dem Haus auszuziehen, wenn Ihr Angehöriger weiterhin trinken wird. Wenn Sie die Androhung von sich geben, auszuziehen, dann sollten Sie dies auch wirklich durchziehen. Schon manch ein Alkoholiker ist erst durch derart rabiate Methoden wachgerüttelt worden.

Stehen Sie zu Ihrem Wort

Um Ihrem Angehörigen vor Augen zu führen, dass Sie Ihre angekündigten Maßnahmen tatsächlich durchführen, ist es enorm wichtig, dass Sie immer zu Ihrem Wort stehen. Verzichten Sie auf leere Androhungen, denn wenn Sie diese nicht in die Tat umsetzen, wird Sie Ihr Angehöriger nicht ernst nehmen. Er hat schnell heraus, wenn Sie immer wieder Dinge ankündigen, die Sie doch nicht einhalten. Wenn Sie beispielsweise immer wieder ankündigen, dass Sie kein Geld mehr für Alkohol zur Verfügung stellen, dann sollten Sie dies nicht nur sagen, sondern auch genauso handeln, wie Sie es ankündigen.

Überlegen Sie sich also immer im Vorfeld, ob Sie die geplante Androhung überhaupt in die Tat umsetzen können und wollen.

Nicht Ihr Wille zählt

Auch wenn Ihr Wille noch so groß ist, dass Ihr Angehöriger mit dem Trinken aufhören soll, so nutzt dies nichts. Entscheidend für einen Erfolg ist immer der eigene Wunsch des Abhängigen, sein Trinkverhalten ändern zu wollen. Sie müssen bedenken, dass sich nur der Abhängige selbst von seiner Sucht befreien kann.

Es geht nicht mehr? – Ziehen Sie aus!

Wenn Sie für sich das Gefühl haben, dass Sie die Situation nicht mehr ertragen können, mit Ihrem alkoholabhängigen Angehörigen zusammenzuwohnen, ziehen Sie Konsequenzen und ziehen Sie aus. Sie laufen sonst Gefahr, selbst noch weiter in den Abwärtsstrudel zu geraten. Besonders, wenn Sie Kinder haben, sollten Sie an Ihre Verantwortung denken.

Hilfe durch einen Freund

Wenn das Gespräch mit Ihrem Angehörigen nicht mit dem Ziel endet, dass er die Finger vom Alkohol lassen will, bitten Sie einen engen Freund oder jemanden aus der Verwandtschaft um Unterstützung. Bitten Sie ihn, ein Gespräch mit ihm zu führen und klären Sie mit ihm im Vorfeld, welches Ziel mit dem Gespräch erreicht werden soll. Vielleicht kennen Sie jemanden, der selbst trockener Alkoholiker ist und genau die Probleme kennt, mit denen man als Abhängiger konfrontiert wird. So eine Person hat aufgrund eines ähnlichen Schicksals meistens einen sehr guten Zugang zu jemandem, dem dieser Weg des Trockenwerdens noch bevorsteht. Aber auch Menschen, die in sozialen Berufen tätig sind, verfügen oftmals über einen guten Zugang. Überlegen Sie, ob Sie jemanden in Ihrem Bekannten- oder Freundeskreis haben, der diesen Part übernehmen könnte. Und auch wenn dieses Gespräch mit Ihrem Angehörigen noch immer nicht die notwendige Einsicht bei ihm ermöglicht, verzagen Sie nicht. Es ist völlig normal, dass häufigere Gespräche erforderlich sind, um einen Alkoholabhängigen zum Aufhören zu bewegen.

Professionelle Hilfe in Anspruch nehmen

Eine Alkoholabhängigkeit ist keine Krankheit, die sich von alleine wieder zurückbildet wie eine Erkältung, die auch ohne Medikamente wieder verschwindet.
Zwar sind die Erstgespräche, die zur Einsicht bei dem Betroffenen führen sollen, zumeist auf die Angehörigen und Freunde beschränkt, aber wenn es letztendlich zur Therapie kommt, sollte diese professionell durchgeführt werden. Denn ohne diese Unterstützung ist es fast unmöglich, diese schwere Erkrankung erfolgreich zu behandeln.

Informieren Sie sich

Sobald Sie den Verdacht haben, dass Ihr Familienangehöriger alkoholabhängig ist, sollten Sie aktiv werden. Sammeln Sie bereits im Vorfeld Informationen über ortsnahe Behandlungsmöglichkeiten. Je umfangreicher Sie informiert und vorbereitet sind, desto schneller können Sie in dem Moment reagieren, wenn Ihr Angehöriger einwilligt, sich behandeln zu lassen.

Begleiten Sie Ihren Angehörigen bei Terminen

Wenn sich Ihr Angehöriger bereiterklärt, sich Hilfe von außen zu holen, unterstützen Sie ihn. Begleiten Sie ihn anfangs zu allen Terminen, die mit der Alkoholabhängigkeit in Verbindung stehen, sei es eine Selbsthilfegruppe, eine Suchtberatungsstelle oder der Hausarzt.

Denken Sie an sich

Wer sich ausschließlich auf die Krankheit des alkoholerkrankten Angehörigen konzentriert, läuft Gefahr, dass er sich selbst zunehmend verliert und überfordert. Mögen anfänglich die Kraftreserven noch in ausreichendem Maße vorhanden sein, so werden diese im Laufe der Zeit zwangsläufig schwinden.
Seien Sie trotz allem egoistisch genug, um sich selbst zu schützen. Auch Ihr Angehöriger hat nichts davon, wenn Sie sich ganz und gar für ihn aufgeben und irgendwann keine Kraft mehr aufbringen können, um als Helfer zur Verfügung zu stehen.

Sorgen Sie für Ihre Entspannung und Ablenkung. Gehen Sie nach wie vor Ihren Hobbys nach oder suchen Sie sich neue. Verbringen Sie auch immer wieder Zeit ohne Ihren Partner. Dies sorgt einerseits für Ihre Ablenkung, und andererseits zeigt es Ihrem Partner, dass Sie durchaus auch ein eigenes Leben mit eigenen Zielen leben können.

Nehmen Sie für sich selbst Hilfe in Anspruch

Als Angehöriger eines Alkoholabhängigen wird man in vielerlei Hinsicht gefordert und häufig auch überfordert. Scheuen Sie sich nicht, professionelle Hilfe in Anspruch zu nehmen. Denn diese unterstützt Sie einerseits, die richtigen Strategien im Umgang mit Ihrem Angehörigen zu ergreifen, und andererseits auch, Sie in Ihrer Belastung zu entlasten.

Volle Integration nach erfolgreicher Therapie

Wenn Ihr Angehöriger eine erfolgreiche Therapie absolviert hat, ist es ganz wichtig, dass er wieder voll in die Familie aufgenommen wird und Aufgaben und Pflichten aufgetragen bekommt, die er auch zuvor übernommen hatte.

Erfahrungsberichte von Betroffenen

Meine Alkoholsucht begann mit unserem Hausbau

Sabine P., 45 Jahre, aus Idar-Oberstein

Bevor ich alkoholabhängig wurde, war ich eine glücklich verheiratete Frau, hatte zwei kleine Kinder und war stolz auf unser Haus, das wir gerade bauten. Mein Mann und ich hatten uns schon lange gewünscht, eines Tages ein eigenes Haus zu besitzen, aber es fehlten uns lange Zeit die finanziellen Mittel. Dies änderte sich etwas, als eine Tante von mir verstarb und ich hierdurch etwas Geld erbte. Es war nicht sehr viel, aber es erleichterte unser Bauvorhaben, sodass wir zumindest das Grundstück ohne Bank finanzieren konnten.

Dennoch mussten wir eine erhebliche Summe bei unserer Hausbank leihen, um unser Haus realisieren zu können. Leider unterschätzten wir die finanzielle Situation völlig und hatten nicht damit gerechnet, dass bei einem Hausbau noch einige Kosten auflaufen, die man zuvor nicht einkalkuliert hat. So jedenfalls war es uns ergangen, denn im Nachhinein stellte sich auch heraus, dass das von uns beauftragte Bauunternehmen nicht richtig fair mit uns umgegangen war. Dem Verkäufer war es seinerzeit nur um den Verkaufsabschluss gegangen, eine ausführliche Beratung blieb allerdings aus.

Das Ergebnis von unserem Hausbau war, dass wir uns finanziell sehr strecken mussten, um das angefangene Haus zu Ende bauen zu können. Je näher die Endphase des Hausbaus rückte, umso mehr schlitterten wir in eine etwas prekäre finanzielle Situation. Uns blieb am Ende nichts anderes übrig, als einige Leistungen doch noch selbst zu machen, sodass wir viele Abend- und Nachtstunden in unserem Haus verbrachten.

Außerdem war es erforderlich, dass ich mir einen Teilzeitjob suchte, denn die monatlichen Belastungen, die wir nun durch eine zusätzliche Haushypothek auf uns genommen hatten, konnten wir durch das alleinige Gehalt meines Mannes nicht stemmen. Doch da waren ja auch noch unsere beiden Kinder, die durch den Hausbau ohnehin schon so ins Hintertreffen geraten waren. Unser damals 4-jähriger Sohn nässte sich nachts wieder ein, und unsere 6-jährige Tochter hatte große Schwierigkeiten, sich an den Schulalltag zu gewöhnen. Die Belastungen, die mein Mann und ich zu schultern hatten, waren zu dieser Zeit gewaltig, und ich habe mich manches Mal gefragt, ob es wirklich richtig war mit unserem Hausbau. Aber es gab kein Zurück mehr, nur mit unserem Durchhaltevermögen und unserem Fleiß konnten wir einen völligen finanziellen Kollaps verhindern.

Heute weiß ich, dass das alles viel zu viel für meine Familie war. Jeder litt für sich auf seine Art unter dieser Situation, die uns etwas aus dem Ruder gelaufen war. Und wie es auf einer Baustelle nicht unüblich ist, trinkt man hier und da mal ein Fläschchen Pils oder andere alkoholische Sachen. Als wir abends so viele Stunden mit Tapezier- und Malerarbeiten beschäftigt waren, trank jeder von uns locker 5 Flaschen Bier. Damals war das für uns ganz normal und nichts Besonderes.

Heute ist mir klar, dass das der Anfang meiner Alkoholkarriere war. Überhaupt ist mir heute auch so manches Andere klar geworden, aber ich kann viele Dinge der Vergangenheit ja nicht rückgängig machen. Wäre das möglich, hätte ich es schon längst getan. Abgesehen von meinem von nun an regelmäßigen Alkoholkonsum ging der Hausbau auch körperlich nicht spurlos an mir vorüber. Mit meinen 1,74 Metern wog ich nur noch leichte 54 kg. Ich war schon immer ein sehr schlanker Mensch gewesen, aber so dünn war ich nie zuvor. Auch dieser Zustand war nicht gerade zuträglich für meine Gesund-

heit. Überhaupt ließ meine gesundheitliche Verfassung in den Jahren nach dem Hausbau kontinuierlich nach. Sicher hat der Alkoholkonsum auch dazu beigetragen, aber es war nicht allein der Alkohol. Eines Tages war ich jedenfalls so extrem erschöpft, dass mich mein Mann zum Hausarzt brachte. Der hatte mich schon einige Jahre nicht mehr gesehen, wahrscheinlich konnte er sich auch gar nicht mehr so richtig an mich erinnern. Mein jetziger gesundheitlicher Zustand machte ihm allerdings große Sorgen, und er gab sich große Mühe, die Ursache zu finden. Mit einigen Überweisungen zu diversen Fachärzten ausgestattet, verließ ich die Praxis wieder.

Mein Marathon durch die Arztpraxen dauerte einige Wochen an, und als alle Ergebnisse vorlagen, hatte ich ein sehr ernstes Gespräch mit meinem Hausarzt. Einige Blutwerte waren ihm wohl nicht geheuer, sodass er mich nach einer Weile fragte, ob ich eventuell ein Problem mit Alkohol hätte. Ich leugnete, denn ich war damals der Meinung, dass ich keines hätte. Klar war mir bewusst, dass ich zeitweise etwas viel trank, aber ich dachte, ich könnte jederzeit damit aufhören. Dass ich es nicht konnte, sollte ich kurze Zeit nach meinem Arztbesuch erfahren. Auslöser war mein Ohnmachtsanfall, den ich nur wenige Monate nach meinem Ärztemarathon erlebte. Ich stand an einem Samstagabend in der Küche und bereitete das Abendessen vor, als mir schwarz vor den Augen wurde und ich ohnmächtig wurde. Ich schlug dabei so unglücklich mit dem Kopf auf die Tischkante, dass ich eine große klaffende Wunde an der Stirn bekam, aus der das Blut nur so herausströmte.

Das Ergebnis meines Sturzes war schließlich, dass ich ins Krankenhaus kam, wo meine Wunde auf der Stirn genährt wurde und wo ich anschließend eine Nacht zur Beobachtung bleiben sollte. Aus dieser einen Nacht wurde eine ganze Woche. Denn auch hier im Krankenhaus waren den Ärzten einige Blutwerte aufgefallen, die für mein Alter sehr ungewöhnlich waren. Letztendlich wurde hier mein Alkoholkonsum thematisiert und mir nahegelegt, mich in eine Entzugstherapie zu begeben. Ich wehrte all diese Vorschläge ab und sagte auch meinem

Mann zunächst nichts. Allerdings ergab es sich, dass bei einer Visite mein Mann zufällig dabei war und der Chefarzt das Alkoholthema abermals ansprach. Ich bin sicher, das tat er mit Absicht, um mich mehr unter Druck zu setzen, denn er hatte ja gemerkt, dass ich mich allein nicht auf seinen Vorschlag einlassen wollte.

Nach diesem Gespräch ergab dann eins das andere und mit dem Ergebnis, dass ich meiner Familie zuliebe in die Therapie einwilligte. Ich warte jetzt auf einen Termin für eine ambulante Therapie, denn ein Klinikaufenthalt kommt für mich nicht in Frage.

Mein neues Leben ohne Alkohol ist nicht nur perfekt

Theo, Pforzheim

Seit über 10 Jahren bin ich alkoholfrei und genieße mein neues Leben, auch wenn es nicht in allen Bereichen so geworden ist, wie ich das erhofft hatte. Trotzdem bin ich sehr dankbar, dass ich es geschafft habe, nun schon so viele Jahre lang trocken zu sein. Meinen Weg in die Trockenheit startete ich in einer Suchtklinik in Süddeutschland. Ich hatte zuvor lange mit mir gekämpft, diesen Schritt zu gehen. Erst als ich körperlich und psychisch völlig am Boden lag, entschloss ich mich zu diesem Schritt. Denn ich musste einsehen, dass mein Leben nur noch vom Alkohol bestimmt wurde. Alles andere war in meinem Leben unwichtig geworden, leider auch meine Familie.

Meine Frau hatte immer wieder versucht, mich zu einer Therapie zu bewegen, weil sie meine Selbstzerstörung nicht mehr ertragen konnte. Außerdem hatte sie auch große Angst um unsere Familie, weil unsere Kinder unter der Situation sehr litten. Bevor ich in die Klinik ging, kam ich erst in ein Krankenhaus, wo ich 2 Wochen eine Entgiftung machte. Dies war eine körperliche Hölle für mich, weil viele Entzugserscheinungen auftraten, die ich mir in meinen kühnsten Träumen nicht vorgestellt hatte. Mich überkamen nächtliche Schweißattacken, sodass ich mich mehrfach nachts umziehen musste, um mich mit dem triefend nassen Schlafanzug nicht zu erkälten. Ich hatte an einigen Tagen rasende Kopfschmerzen, dann kamen Übelkeit, Erbrechen und Zittern hinzu, aber am allerschlimmsten waren meine Panikattacken.

Jetzt war mir klar, warum mir mein Hausarzt zuvor gesagt hatte, ich könnte den Entzug unmöglich alleine schaffen. Ich konnte mir das vorher nicht so vorstellen und wollte ihm das zunächst nicht glauben. Ich weiß noch, dass er große Mühe hatte, mich von dem Krankenhausaufenthalt zu überzeugen. Damals hatte ich ja keine Ahnung und hatte mir das so einfach vorgestellt. Ich hatte außerdem gedacht, dass die Sache mit dem Krankenhausaufenthalt dann erledigt sei und ich vom Alkohol los sei. Aber auch da wurde ich eines Besseren belehrt und gab schließlich klein bei, indem ich mich in die Suchtklinik einweisen ließ.

In dieser Klinik wurde mir erstmals so richtig bewusst, wie stark mich der Alkohol bereits ruiniert hatte. Bis dahin hatte ich es nie wahr haben wollen, dass mein Leben vom Alkohol regiert wurde. Er hatte mich fest im Griff, aber ich wollte das nicht sehen. In der Suchtklinik wurde mir so manches Mal der Kopf gewaschen, und ich muss zugeben, dass ich durch die vielen Therapiegespräche einige Dinge in meinem Leben mit ganz anderen Augen zu betrachten begann. So hatte ich mir z. B. bis dahin noch nie Gedanken darüber gemacht, was ich meiner Familie mit meiner Sauferei zumuten würde. Ich hatte nicht darüber nachgedacht, dass meine Kinder unter der Situation leiden würden. Es war für mich ganz normal gewesen, dass die Kinder viel unterwegs waren und wenig Zeit zuhause verbrachten. Freunde brachten sie nie mit, sodass ich den Umgang meiner Kinder gar nicht kannte.

Erst heute ist mir wirklich klar, wie sehr meine Kinder unter meiner Krankheit gelitten haben. Und noch heute ist es manchmal schwierig, ein entspanntes Verhältnis zu ihnen aufrecht zu erhalten. Wenn es eine Sache gibt, die ich besonders bereue im Zusammenhang mit meiner Trinkerei, dann ist es die Vernachlässigung meiner Kinder. Ich weiß, dass ich da viele Dinge auch nicht mehr rückgängig machen kann. Da gibt es so einige Sachen, die sich nicht mehr reparieren lassen. Aber ich habe Verständnis dafür, dass meine Kinder nun so sind, wie sie sind und sich oft sehr distanziert mir gegenüber verhalten. Allerdings muss ich sagen, dass das Verhältnis zu ihnen mit zunehmendem Alter

besser geworden ist. Da ist jetzt mehr Verständnis und Einfühlungsvermögen, was früher gar nicht da war.
Für meine Kinder war ich viele Jahre lang nur „der Alte, der ständig säuft". Das ist schon hart für mich, das so zu akzeptieren, aber wie gesagt, ich verstehe meine Kinder auch, warum sie so denken und warum sie mich nur sehr schwer als eine Respektperson oder doch zumindest als ihren Vater akzeptieren können. Ich wünsche mir sehr, dass sich das Verhältnis zu meinen Kindern im Laufe der Zeit noch weiter verbessern wird, auch wenn ich viele Versäumnisse nicht wieder gutmachen kann. Meine Frau bemüht sich auch sehr, dass das Verhältnis zwischen mir und den Kindern laufend besser wird.

Sie hat einen großen Anteil daran, dass es sich überhaupt schon so positiv entwickelt hat mit den Kindern. Für meine Frau war meine Alkoholsucht ohnehin am schlimmsten zu ertragen. Sie schützte meine Trinkerei, wo immer sie konnte und hielt nach außen hin die Fassade aufrecht. Allerdings konnte sie auch nicht verhindern, dass durch die Kinder doch so einiges nach außen getragen wurde, was besser in unseren vier Wänden geblieben wäre.
Ich weiß, dass wir auch noch 10 Jahre nach meinem Entzug noch so einige „Baustellen" haben, an denen wir als Familie gemeinsam arbeiten müssen. Hierbei hilft mir meine regelmäßige Teilnahme an unserer Selbsthilfegruppe für Alkoholiker. Diese Gruppe gibt mir sehr viel Rückhalt, hier kann ich so sein wie ich bin und sagen, was ich denke und fühle, ohne Angst haben zu müssen, dass ich schräg angeschaut werde. Denn diese Menschen, die in unserer Gruppe sind, haben ganz ähnliche Geschichten erlebt wie ich.

Wegen der heutigen gesundheitlichen Probleme bereue ich mein Trinken

Udo A., 69 Jahre, aus Berlin

Sehr geehrter Herr Mexa,

wenn ich mit meinem Erfahrungsbericht dazu beitragen kann, dass andere Menschen ihren Alkoholkonsum reduzieren oder komplett einstellen, dann bin ich sehr gerne bereit, Ihnen zu schreiben. Denn vielleicht motiviert meine Geschichte andere Menschen, ihre Alkoholabhängigkeit endlich in den Griff zu bekommen. Heute bin ich 73 Jahre alt, allerdings sah es vor 4 Jahren nicht danach aus, dass ich dieses Alter jemals erreichen würde. Durch meine langjährige Sauferei hatte ich meine Leber derart ruiniert, dass es keine Alternative mehr zu einer Lebertransplantation gab. Doch wie jeder Mensch weiß, der ein transplantiertes Organ in sich trägt, ist es bis zu einer Transplantation ein langer Weg. Und nicht selten ist dieser Weg sogar zu lang, sodass er von den betroffenen Patienten gar nicht mehr beschritten werden kann. Auch bei mir sah es eine längere Zeit so aus, als würde ich den Tag einer Transplantation nicht mehr erleben. Es ist für mich noch heute ein Wunder, dass es dennoch geklappt hat. Irgendwie muss ich da oben doch noch einen Schutzengel aufgegriffen haben, der sagte, dass ich noch ein Weilchen auf der Erde verbleiben solle und dafür sorgte, dass ich von einem Mann, der bei einem Verkehrsunfall verstorben war, ein für mich passendes Organ erhalten konnte.

Ich war zu dieser Zeit schon 10 Jahre lang trocken, aber meine Leber hatte meine Eskapaden nicht vergessen und war nicht mehr in der Lage gewesen, meinen Körper ausreichend zu entgiften. Kurz vor der Operation war ich fast nur noch in Krankenhäusern, weil mein gesundheitlicher Zustand es nicht zuließ, dass ich zuhause hätte bleiben können. Denn erschwerend zu der Leberzirrhose kam hinzu, dass ich mir durch die Trinkerei noch eine Polyneuropathie eingehandelt hatte, die ohne Rücksicht auf Verluste von Woche zu Woche schlimmer wurde. Ohne Rollator konnte ich zu diesem Zeitpunkt aufgrund meiner gesamten desolaten gesundheitlichen Situation gerade noch den Weg bis zur Toilette schaffen, mehr ging nicht.

Es war die schlimmste Zeit meines Lebens, und ich kann gar nicht beschreiben, wie sehr ich es damals bereute, dass ich meine Gesundheit durch das Trinken derart ruiniert hatte. Fast empfand ich es sogar ungerecht anderen Leberpatienten gegenüber, die nicht aus „freien Stücken" wie ich die Leber kaputt gesoffen hatten, sondern bei denen irgendeine Krankheit eine Transplantation erforderlich machte. Ja, ich weiß, dass ich genau genommen ja auch nicht absichtlich meine Leber zerstört habe, schließlich ist die Sauferei ja auch eine Krankheit, eine Sucht. Und eine Sucht ist eine Krankheit. Man sucht sich die ja auch nicht freiwillig aus. Trotzdem – ich hatte ein schlechtes Gewissen und habe es in dieser Zeit, als ich kurz vor der Tür zum Himmel stand, sehr bereut, dass ich dem Alkohol verfallen gewesen war. Meine desolate gesundheitliche Situation hat dazu beigetragen, dass ich dem Alkohol inzwischen allerdings völlig abgeschworen habe. So wie andere Menschen zu militanten Ex-Rauchern mutiert sind, so bin ich im Laufe der Zeit zu einem militanten Ex-Trinker geworden. Angst, dass ich jemals wieder rückfällig werden könnte, habe ich nicht.

Ich wollte es nicht wahr haben, Alkoholikerin zu sein

Ines, 33 Jahre, aus Oldenburg

Meine Alkoholgeschichte begann, als ich 19 Jahre alt war. Ich hatte gerade meine Abiturprüfung hinter mich gebracht, als wenige Tage danach meine Mutter ganz plötzlich verstarb. Es war ein Schock, als mein Onkel eines Abends verkündete, man hätte unsere Mama im Supermarkt tot aufgefunden, sie hätte wohl einen Herzinfarkt erlitten. Dieses Ereignis war das schlimmste, was ich je in meinem Leben erlebt habe. Noch heute, fast 15 Jahre später, ist der Tod meiner Mutter fest in mein Gehirn eingebrannt, ich kriege diese schrecklichen Erinnerungen dort einfach nicht gelöscht. Der Tod meiner Mutter veränderte mein weiteres Leben kolossal. Fast nichts blieb in den darauf folgenden Monaten und Jahren so, wie es vor dem Tod war. Obwohl ich gegenüber meinem Vater und meinem Bruder ein sehr schlechtes Gewissen hatte, entschloss ich mich trotz dieses Schicksalsschlages, mein Architekturstudium aufzunehmen. Ich musste doch auch an meine Zukunft denken, und mein Bruder war mit seinen 23 Jahren ja schon etwas erwachsener und selbstständiger als ich.

Mein Vater war Anfang 50, sodass ich dachte, dass er sicherlich sowieso wieder eine Frau finden würde.
Einige Monate nach dem Tod meiner Mutter startete ich also mein Studium in Münster. Das Studentenleben gefiel mir sehr, und Münster ist nun mal auch eine fantastische Studentenstadt. Ich bereute meinen Entschluss in keinster Weise, aber ich merkte, dass da doch ständig mein schlechtes Gewissen gegenüber meiner Familie war. War es wirklich richtig, sie zu verlassen und allein mit ihrem / unserem Schicksal zu lassen? Außerdem war da ja auch immer noch die Trauer über den Tod meiner Mutter. Dieses Ereignis hatte mich so derart ins Herz getroffen, dass ich das Gefühl hatte, als hätte mir jemand die Hälfte des Herzens herausgerissen. Mein Verhältnis zu meiner Mutter war immer sehr eng gewesen, und jetzt war sie einfach weg, von jetzt auf gleich war da ein riesengroßes Loch, das auch niemand anderes füllen konnte.

Ich merkte mit der Zeit, dass mir Ablenkung am besten half, mit meinem großen Verlust zurecht zu kommen. Und da ein Studentenleben auch aus vielen Feten besteht, ließ ich fast keine aus. Am Anfang war es natürlich die Neugierde und auch der Wunsch, neue Leute kennenzulernen. Denn anfangs fühlte ich mich doch ziemlich einsam, weil ich niemanden kannte. Meine Freunde aus Oldenburg waren in alle Winde zerstreut worden, aber keiner von ihnen war mit nach Münster gekommen. Somit fehlten mir natürlich auch meine guten alten Freunde. Wie es auf den Studentenfeten üblich war, tranken wir fleißig Cocktails und andere alkoholische Getränke. Und je öfter ich dorthin ging, umso mehr Alkohol brauchte ich mit der Zeit, um überhaupt noch gut drauf zu sein. Ich hatte das anfangs gar nicht bemerkt, das war alles so ein schleichender Prozess. Zunächst fand ich es auch gar nicht tragisch, dass ich durch meine vielen Feten so manche Vorlesung verpasste. Dies wurde allerdings schlagartig anders, als ich eine Klausur nach der nächsten versemmelte. Sowas war ich aus meiner Vergangenheit gar nicht gewohnt gewesen, weil ich völlig problemlos meine Schullaufbahn geschafft hatte. Mir war eigentlich immer alles so zugeflogen, und so hatte ich mir wegen meines Studiums auch keine Gedanken gemacht.

Mit der Zeit wurde es allerdings immer brenzliger mit meinen Klausuren, und ich musste mich sehr zusammenreißen, das Studium überhaupt zu schaffen. Irgendwie kam ich letztendlich auch noch ganz gut durch, aber dass ich zu dieser Zeit schon längst alkoholabhängig war, das war mir absolut nicht bewusst. Es hat auch noch einige Jahre gedauert, bis ich mir über meine Situation klar wurde. Ich hatte als Architektin eine Anstellung in einem großen Architekturbüro in Düsseldorf bekommen. Die Arbeit machte mir sehr viel Spaß, allerdings ging sie mir nicht mehr so leicht von der Hand wie in der Vergangenheit. Schuld daran war längst mein heftiger Alkoholkonsum, aber das wollte ich einfach nicht sehen. Auch als meine beste Freundin aus Oldenburg mich auf mein Problem hinwies, beschwichtigte ich alles. Sie müsse sich irren, das wäre gar nicht so und so weiter und so weiter. Um Ausreden war ich nicht verlegen.

Irgendwie hatte ich das Gefühl, mein Studentenleben in Düsseldorf fortsetzen zu müssen. Anstatt der Studentenfeten wurden es nun tägliche Ausflüge in die Altstadt oder zu privaten Feiern. Es gab immer irgendeinen Anlass, abends etwas zu unternehmen, wo der Alkohol in rauen Mengen floss. Dass ich längst alkoholabhängig war, wollte ich nicht wahr haben. Es funktionierte ja alles ganz gut, ich hatte einen netten Bekanntenkreis in Düsseldorf gefunden und eigentlich war alles soweit ganz gut. Dies änderte sich schlagartig, als ich an einem Wochenende in der Altstadt heftig übertrieben hatte mit meiner Trinkerei und von der Polizei aufgegriffen wurde, weil ich nach einem Sturz auf das Kopfsteinpflaster bewegungslos liegen geblieben war. Von dem Abend an nahm alles Weitere seinen Lauf.

Es folgten mehrere Krankenhaus- und Klinikaufenthalte. Am schwie-

rigsten war der Anfang, denn meine Einsicht in meine Alkoholsucht fehlte vollständig. Ich weiß nicht mehr, wie die Ärzte es am Ende geschafft haben, dass ich doch noch einlenkte, jedenfalls ist meine Einsicht nur dem unermüdlichen Einsatz meiner Ärzte zu verdanken. Im Nachhinein ärgere ich mich sehr darüber, dass ich so viele Jahre meine Alkoholsucht nicht wahrhaben wollte. Hierdurch habe ich viel wertvolle Zeit vergeudet, sodass alles noch viel schlimmer wurde. Ich bin jetzt seit fast 2 Jahren trocken, habe meinen Job gewechselt und arbeite nun in einem kleinen Architekturbüro im Münsterland. Es war nie mein Ziel, in so einem kleinen Büro zu landen, aber ich muss sagen, dass ich mich hier superwohl fühle. Mein Chef weiß nichts von meiner Alkoholkrankheit, es gab bisher keinen Anlass dafür, und ich kann besser damit leben, wenn er es nicht weiß.

Mein Wille ist mittlerweile sehr stark, und ich bin fest entschlossen, mein Leben niemals wieder so ausufern zu lassen. Ich hoffe sehr, dass dieser Wunsch in Erfüllung gehen wird.

Der Alkohol ist weg – aber die Depressionen sind geblieben

Elfriede B., 64 Jahre, aus Hennef

Der Alkohol hat mich seit meiner Jugend begleitet. Sicher war ich als Jugendliche noch nicht alkoholsüchtig, aber Alkohol war ab meinem 16. Lebensjahr an jedem Wochenende mein stetiger Begleiter. Und je älter ich wurde, umso mehr habe ich getrunken. Irgendwann war es dann täglich, auch wenn zunächst nur beim Essen. Als ich meinen späteren Mann kennenlernte, nahm der Konsum noch weiter zu. Mir war damals gar nicht aufgefallen, dass er schon ein eifriger Trinker war, vermutlich wollte ich es gar nicht sehen. Ich blendete es aus und genoss die ersten gemeinsamen Jahre im wahrsten Sinne des Wortes in „vollen Zügen“. Eigentlich waren wir beide schon in den 20-ern auf dem besten Weg, Alkoholiker zu werden. Doch wer will so etwas in dem Alter wahr haben? Wer macht sich schon Gedanken darüber, wenn er gerade beginnt, sein junges Leben so richtig zu genießen? Viele Jahre lang lebten mein Mann und ich sehr sorglos in den Tag hinein.

Wir hatten anfangs gute Jobs, verdienten reichlich Geld und konnten uns ein richtig nettes Leben gönnen. Auch unsere Freunde und Bekannten lebten diesen ausschweifenden Lebensstil, sodass es gar nicht auffiel, dass man übermäßig viel Alkohol trank. Ein Weinchen hier, ein Sektchen dort und gerne auch mal ein Champagner, wenn es einen besonderen Anlass gab. Alkohol war immer verfügbar und rückte von den Abendstunden zunehmend auch in den Tag hinein. Zunächst begann es mit einem Glas Wein beim Mittagessen und entwickelte sich schließlich soweit, dass auch der Kaffee irgendetwas Alkoholisches enthalten musste.

Die Spirale nach unten drehte sich unweigerlich fort, und die Geschwindigkeit nahm mit einem atemberaubenden Tempo zu. Meine Chefin war die erste Person in meinem Leben, die mich auf meinen Alkoholkonsum ansprach. Ihr war aufgefallen, dass ich tagsüber immer häufiger eine Alkoholfahne hatte. Wie das aber so ist, leugnete und beschwichtigte ich, was das Zeug hielt. Das müsse ein Irrtum sein, oder es wäre halt die Geburtstagsfeier von Kollegin XY oder oder, oder. Es mangelte mir nicht an Ausreden, und ich fühlte mich in meiner Position völlig sicher, denn schließlich hielt ich mich aufgrund meiner vielen Erfahrungen in der Branche und guten Kontakte als unersetzlich. Dies hielt so lange an, bis wenige Wochen nach dem Gespräch mit meiner Chefin eine Abmahnung auf meinem Schreibtisch landete. Dies war ein deutliches Alarmzeichen, das mich richtig schockierte. Allerdings führte dies dazu, dass ich von nun an noch mehr Alkohol trank, um meine Angst zu übertünchen, die sich nun doch bemerkbar machte.

Das Ergebnis war, dass ich nur wenige Wochen nach der Abmahnung arbeitsunfähig wurde. Der Alkohol hatte mich in eine Depression gestürzt, die ich bis dahin noch nie in meinem Leben erfahren hatte. Ich wusste gar nicht, was Depressionen überhaupt sind. Und ich, das Feiertier, sollte eines Tages an Depressionen erkranken? Was für ein schlechter Witz!!

Jedenfalls waren es schließlich die Depressionen, die mich zu einem Alkoholentzug zwangen. Die Depression hatte nämlich derartige Ausmaße angenommen, dass ich Angst vor mir selbst bekam. Ja, ich hatte eine wahnsinnige Angst, dass ich mir selbst etwas antun könnte. An Mitteln und Wegen sollte es bei mir nicht mangeln, da war ich gut ausgestattet, denn neben dem Alkohol hatte ich wegen meiner Schlafprobleme und nun auch wegen meiner Depression eine kleine Apotheke zuhause, die über genügend Medikamente verfügte, um meinem Leben ein Ende zu setzen.

Dass es nicht dazu kam, verdanke ich meinem Mann. Er kam eines Tages nach Feierabend nach Hause und fand mich zusammengekauert und heulend als ein Häufchen Elend vor. Wie ein hilfloses kleines Kind lag ich da auf unserem Wohnzimmerteppich, die Tablettenschachteln und Weinflaschen griffbereit daneben. Er geriet in diesem Moment völlig in Panik und brachte mich sofort ins Krankenhaus. Ich war zu schwach, um mich zu wehren und fand mich in nüchternem Zustand am nächsten Morgen in der geschlossenen Abteilung einer psychiatrischen Klinik. Ein Albtraum war das für mich. Ich – die immer so perfekt sein wollte in ihrem Leben. Ich, die noch so viele Pläne für das Leben hatte, lag nun hier als depressive suizidgefährdete Alkoholikerin.

Von nun an nahm alles andere seinen Lauf. Auf Drängen meines Mannes und der Ärzte begab ich mich in diverse Therapien. Auch wenn ich die Notwendigkeit zu diesem Zeitpunkt noch nicht einsehen wollte, so muss ich im Nachhinein sagen, dass genau das mein Leben gerettet hat. Die Entzugstherapien verliefen recht erfolgreich, allerdings war das ein sehr harter Weg, den ich nicht noch einmal erleben möchte. Man wird da mit Dingen konfrontiert, die man eigentlich gar nicht sehen und wissen möchte. Denn schon immer war ich eher ein Mensch, der von unangenehmen Dingen die Augen verschloss und das Negative nicht ins Leben einsteigen ließ.

Dennoch – ich habe es geschafft, trockene Alkoholikerin zu werden. Ich bin körperlich und psychisch eigentlich wieder ganz gut hergestellt, allerdings sind die Depressionen noch immer vorhanden. Da mache ich mir manchmal auch noch große Sorgen, wie das mit denen weitergehen soll. Denn solange ich diese depressiven Phasen habe, kann ich nicht wieder arbeiten gehen. Umgekehrt würde mir eine

Berufstätigkeit bestimmt gut tun. Ich bin da in einer Zwickmühle und habe dafür noch keine Lösung.

Allerdings will ich mich jetzt nicht unter Druck setzen. Ich denke, dass ich mich erst noch weiter um meine Gesundung kümmern muss, um dann später weitere Pläne für mein Berufsleben zu machen.

Auch nach 5 Jahren habe ich noch Angst vor Rückfällen

Claudia L., 46 Jahre, aus Aschaffenburg

Seit nunmehr 5 Jahren bin ich trocken. Mein Weg bis hierher war nicht einfach und wurde durch viele Rückschläge begleitet. Allerdings liegt mein letzter Rückfall mittlerweile 5 Jahre zurück, was mir eine gewisse Sicherheit vermittelt. Trotzdem weiß ich um die Gefahren, die da zwischendurch immer wieder lauern und alle erreichten Erfolge zunichtemachen können. Ich weiß leider zu genau, wovon ich da rede, denn ich hatte während meiner ganzen Laufbahn ungefähr 7 Rückfälle. Meistens wurden diese durch absolute Kleinigkeiten ausgelöst, es waren nicht die großen Gefahren, die mir von vornherein als Risiko bekannt waren. Im Verhältnis gesehen waren es wirklich banale Dinge, die es überhaupt nicht wert waren, wieder zur Flasche zu greifen.

Heute kenne ich diese eigentlich banalen Dinge und kann sie besser identifizieren und rechtzeitig erkennen. Fast immer war es Ärger an meiner Arbeitsstelle, der mich zurück in den Alkohol trieb. Ich konnte damit nicht umgehen, von meiner Chefin gemobbt zu werden und kannte zu der Zeit keine andere Möglichkeit, mit meinem Ärger und Frust klar zu kommen. Erst als meine Chefin gekündigt wurde, besserte sich meine Situation im Job, denn diese unerträgliche Zicke wurde durch eine sehr nette Kollegin von mir besetzt. Seitdem haben wir ein sehr positives Betriebsverhältnis und können sogar einige private Dinge von uns preisgeben. Von meinem Alkoholproblem weiß hier allerdings niemand.

Heute bin ich psychisch viel gefestigter und kann mit Unstimmigkeiten viel besser umgehen. Aber trotzdem ist da manchmal immer noch diese unterschwellige Angst, eines Tages wieder rückfällig zu werden.

Mir ist natürlich klar, dass ich nach einem Rückfall nicht automatisch wieder voll abhängig werden muss. Wenn ich nach so einem Ereignis rechtzeitig die Notbremse ziehe, kann ich aus einem Rückfall sogar gestärkt hervorgehen.
Trotzdem – ein Rückfall ist immer auch gefährlich und birgt nunmal das Risiko, wieder voll abhängig zu werden. Ich weiß, dass ich das nicht will. Niemals wieder in meinem Leben will ich mein Leben vom Alkohol bestimmen lassen. Ich will auch niemals mehr so eine Therapie machen. Das war zu hart, bis hierher zu kommen, als dass ich all das nun auf's Spiel setzen würde. Aufgrund meiner damaligen Rückfälle habe ich einige Dinge in meinem Leben verändert. Insgesamt bin ich auch vorsichtiger geworden, misstrauischer und nicht mehr so naiv. So ist mir auch völlig klar, dass ich komplett weg bleiben muss vom Alkohol. Ein bisschen schwanger geht nicht – ein bisschen Alkohol auch nicht. Nach dem 6. Rückfall war mir klar, dass ich für mich unbedingt einen Notfallplan erstellen musste. Ich hatte das zwar auch in der Therapie immer gehört, aber ich dachte, dass ich das nicht bräuchte.

Wie sehr ich mich doch darin täuschte. Oder wie heißt das: Hochmut kommt vor dem Fall? Durch meinen Notfallplan konnte ich es am Ende sogar tatsächlich verhindern, nach meinem 7. Rückfall weitere zu erleben. Ich hatte auf meinem Plan die Telefonnummern von meinen 3 wichtigsten Menschen notiert. Sie alle hatten sich bereit erklärt, zu jeder Tages- und Nachtzeit für mich telefonisch verfügbar zu sein, wofür ich auch heute noch äußerst dankbar bin.
Diese Möglichkeit habe ich kurz nach dem Erstellen meines Notfallplans bisher dreimal benötigt. Durch die Gespräche und das Zuhören meiner Telefonpartner war ich dann tatsächlich von meinem Saufdruck erlöst worden. Außerdem hatte ich in diesen Momenten eine ganze Flasche Mineralwasser in mich hineingeschüttet, da hatte anschließend in meinem Magen keine Maus mehr Platz, so voll war der. Manchmal reichte es auch völlig aus, große Mengen Tee zu trinken. Sobald ich auch nur das leiseste Gefühl hatte, dass ich wieder Alkohol haben wollte, griff ich stattdessen zu meinen alkoholfreien Getränken.

Manchmal war mir danach ziemlich schlecht, weil ich es wohl übertrieben hatte, aber es hatte in diesem Moment für mich den Zweck erfüllt.
Ein sehr hilfreiches Mittel ist für mich auch das Lutschen von scharfen Pfefferminzbonbons. Diese müssen so scharf sein, dass mir danach nichts mehr schmeckt. Erst nach ungefähr 20 Minuten lässt dieser Geschmack im Mund nach, aber dann habe ich auch meistens meine Not schon überstanden und bin gedanklich weg von meinem Saufdruck. Von anderen Personen weiß ich, dass sie in Notsituationen oft zu Obst greifen. Ich habe das auch anfangs versucht, aber das war für mich persönlich nicht so wirksam wie die anderen Methoden, die ich mir im Laufe der Zeit zugelegt habe. Im Büro habe ich für solche Situationen eine Schublade voller Süßigkeiten. Ich muss zugeben, dass Süßigkeiten für mich schon eine Art Ersatzbefriedigung geworden sind. Man kann das auch optisch ordentlich sehen, denn seit meinem Entzug habe ich stolze 15 Kilo zugenommen. Aber das ist für mich mittlerweile zweitrangig, denn wesentlich wichtiger ist es für mich, trocken zu sein und zu bleiben.

Brief aus einer Entzugsklinik
Tobias, 37 Jahre, aus Rheine

Dass ich jemals einen Bericht über mich verfassen würde, hätte ich vor einigen Jahren für etwas völlig Absurdes gehalten. Wen würde es schon interessieren, wie es mir geht, was ich für Sorgen habe, und wie ich mit meinen Problemen umgehe? Doch viele Dinge, die ich noch bis vor kurzem für völlig undenkbar gehalten habe, sind heute Realität geworden. Eine dieser Realitäten ist, dass ich mich gerade in einer Klinik für Suchtkranke befinde. Vor fast 4 Wochen bin ich hier angekommen, aber eigentlich hätte ich schon vor 5 Jahren hierher gehört. Wenn ich ehrlich zu mir bin, muss ich mir zugestehen, dass ich schon seit meiner Jugend täglich Alkohol getrunken habe. Anfangs war da der Spaßfaktor. Und außerdem wollte ich ja dazugehören, wenn meine Kumpels Partys machten. Uncool war es in unserer Clique, wenn man nicht mithalten konnte, als King wurde man gefeiert, wenn man die meisten Schnäpse auf den Partys schaffte ohne umzukippen. Leider war ich da oft einer der Könige. Lange Zeit habe ich nicht wahrhaben wollten, dass ich längst vom Alkohol abhängig geworden war. Da ich viele Jahre auf dem Bau gearbeitet hatte, und es zum ganz normalen Arbeitsalltag gehörte, zwischendurch das eine oder andere Bier und auch mal ein paar Schnäpschen zu trinken, fiel mein extremer Alkoholkonsum nicht sonderlich auf. Er wurde erst zum Problem, als meine Frau mir auf die Finger klopfte und der Meinung war, ich sei längst abhängig von dem Zeugs. Man, hat die mir da Schauen abgeliefert! Es war nicht angenehm, aber sie hat es ja nur gut gemeint. Überhaupt habe ich es meiner Frau zu „verdanken", dass ich heute hier sitze und diese Zeilen tippe. Sie hatte mir die letzten Monate ziemlich zur Hölle gemacht und war schon zuhause ausgezogen, bis ich schließlich einlenkte und mich zu einem Entzug hier in der Klinik einließ.

Sie hat mich erst ein einziges Mal hier besucht, weil die Anfahrt sehr umständlich ist mit öffentlichen Verkehrsmitteln. Und außerdem ist der Besuch von Angehörigen nicht so oft gewünscht. Sie kam vor einer Woche, als hier ein Angehörigen-Wochenende war. So lernte sie auch meine Mitstreiter und Therapeuten kennen und nahm auch an einem psychologischen Gespräch teil. Sie wusste gar nicht, wie ihr geschah und kriegte schon Schweißausbrüche, als sie hörte, dass wir gleich einen Termin beim Psychoonkel hätten. Ihr war ganz unwohl dabei, weil sie sowas noch nie gemacht hatte. Ich hatte ja inzwischen schon etwas Übung, weil wir tägliche Sitzungen und Gruppentherapien haben, da muss man sich öffnen, ob man will oder nicht. Ich wollte erst gar nicht und stellte mich total stur. Anfangs war der Klinikalltag eine ziemlich krasse Umstellung. Neben diesen vielen Therapiesitzungen war es natürlich der Verzicht auf Alkohol, der mir sehr zugesetzt hatte. Mein Zigarettenkonsum und Verzehr an Gummibärchen ist gewaltig gestiegen in dieser Zeit, irgendwie musste ich den Alkoholverzicht ja wieder auffangen.
Ich bin auch froh über jede Abwechslung, damit ich nicht auf „dumme Gedanken" komme. Mit meinen Mitstreitern mache ich nun viel

Sport wie Badminton und Volleyball, aber alles in Maßen, weil meine körperliche Kondition nicht mehr ermöglicht. Bin schnell aus der Puste und bekomme ruckzuck einen roten Kopf, sobald ich mich etwas zu sehr anstrenge. So habe ich auch schon meinen Spitznamen bekommen: Rotbarsch. Aber ich find`s ganz lustig, denn jeder hat hier einen speziellen Namen abgekriegt: Locke, Motte, Schnulli, Posthörnchen und Queen Elli, ist eigentlich ganz lustig unsere Truppe. An meine Mitstreiter habe ich mich inzwischen gut gewöhnt. Abgesehen davon, dass mein Bettnachbar schlimmer als ein kanadischer Bär in freier Natur schnarcht, habe ich es mit meinen Jungs hier ganz gut angetroffen.

Ich fühle mich bei denen verstanden und brauche mich mit meinen Ängsten auch nicht zu verstecken. Die verstehen mich hier, und das hilft mir. Ich habe auch keine Angst mehr, in den Gruppen zu sprechen, da ist ein tolles Vertrauen untereinander. Ich habe die Klinik bisher noch gar nicht verlassen, weil ich mir nicht zutraue, standhaft zu bleiben, sobald ich an einem Getränkeshop oder einer Kneipe vorbeikomme. Zwar dürfen wir sowieso nur in Gruppen die Klinik verlassen, damit einer auf den anderen aufpasst, aber ich traue mir da selber nicht. Und ich will das, was ich mir hier in den letzten Wochen hart erarbeitet habe, nicht so leichtfertig wieder auf`s Spiel setzen.

Ich bin so energielos – ist es der Alkohol oder was anderes?

Klaus P., 56 Jahre, aus Köln

Meine Karriere als Alkoholiker ist sehr lang, sodass ich Ihnen eigentlich ein ganzes Buch darüber schreiben könnte. Als Ihre Anfrage kam, ob ich einen Beitrag zu Ihrem Ratgeber leisten würde, kam mir die Idee, dass ich Ihnen am besten über meine jetzige Situation berichte. Denn sie ist das Ergebnis meiner jahrzehntelangen Trinkerkarriere, die bis heute nicht beendet ist, obwohl ich schon 8 Mal in einer Suchtklinik war und ungefähr 10 Psychotherapeuten verschlissen habe. Manche von denen hatten echt einen Hau, aber da waren auch so zwei, drei dabei, die waren in Ordnung. Aber trotzdem kamen sie mit mir nicht klar und kapitulierten am Ende. Das Ergebnis meines Trinkens lässt sich in Kurzform so beschreiben: Ich bin chronisch erschöpft. Vor ungefähr 4 Jahren fing dieses Dilemma an. Anfangs dachte ich, dass es auf eine zurückliegende Grippe zurückzuführen sei, aber als der Zustand auch nach 6 Wochen noch so erbärmlich war, wurde ich etwas nachdenklicher. Eine gute Bekannte von mir kümmerte sich in dieser Zeit um mich und wollte mir zumindest dabei helfen, dass ich wieder mehr Energie bekam. Dass ich ein Alkoholproblem habe, weiß sie längst, denn wir kennen uns schon seit unserer Jugendzeit. Sie versorgte mich mit diversen Vitaminpillen, die ich ganz brav schluckte, und ein bisschen wurde es mit meiner Energie besser. Es war bei weitem nicht so, wie vor dem Beginn meiner Erschöpfung, aber so konnte ich zumindest wieder halbwegs meinen täglichen Pflichten nachkommen. Da ich freiberuflich arbeite, kann ich mir meine Zeit selbst einteilen, aber andererseits bin ich ja auch darauf angewiesen, dass ich was arbeite, denn sonst verdiene ich kein Geld. Ich musste also unbedingt zusehen, dass ich halbwegs auf die Beine komme, denn wenn zu meinem gesundheitlichen Problem auch noch ein finanzielles hinzugekommen wäre, dann hätte mir das den Boden unter den Füßen weggezogen. Meiner Bekannten Evi war ich also äußerst dankbar, denn ich weiß, dass sie selbst gesundheitliche Probleme hat und es für sie sehr anstrengend war, sich um mich zu kümmern.

Die Phase meiner einigermaßen zurückgekehrten Energie hielt einige Monate an, doch dann ging das Theater wieder von vorne los. Erst nahm ich das gar nicht richtig wahr, weil sowas ja ein schleichender Prozess ist. Aber eines Tages war es wieder so schlimm geworden, dass ich kaum in der Lage war, morgens aufzustehen. So ging das nun wieder einige Monate, und ich war zwischendurch sehr verzweifelt. Evi war prompt wieder zur Stelle und half mir abermals, aus diesem Energieloch rauszukommen. Doch auch dieses Mal hielt mein Energieschub nicht dauerhaft an. Man kann sagen, dass ich bis heute wie auf Sparflamme lebe und meine altbekannte Energie bis heute nicht mehr vollständig zurückgekehrt ist. Es gibt zwischendurch mal ein paar Stunden am Tag, in denen es den Anschein macht, als würde die Kraft zurückkommen, aber das sind nur kurze Lichtblicke,

die nach zwei, drei Stunden wieder verblassen.
Vor zwei Wochen war ich bei meinem Arzt, und er stellte einige Blutwerte fest, die nicht in Ordnung waren. Insbesondere waren es wohl meine Leberwerte, die nicht stimmten und die er als einen möglichen Auslöser meiner dauerhaften Erschöpfung verantwortlich machte. Inzwischen war ich auf Evi`s Anraten allerdings auch bei einem Heilpraktiker. Mir ist das alles, was der macht, noch ziemlich suspekt, und ich tu mich noch schwer, seinen Untersuchungsmethoden Glauben zu schenken, aber ich will das nicht völlig ausschließen, was er mir erzählte.
So hatte er anhand einer speziellen Untersuchung festgestellt, dass ich unter einer chronischen Virusinfektion leiden würde. Ich habe jetzt den Namen von diesem Virus vergessen, aber ich glaube, das ist auch nicht so wichtig. Jedenfalls hatte ich bis dahin noch nie davon gehört, dass es chronische Virusinfektionen überhaupt geben soll. Überhaupt hatte ich von gesundheitlichen Belangen ja nicht unbedingt die große Ahnung.
Doch die Erklärungen des Heilpraktikers waren recht glaubwürdig, sodass ich an dem Thema auf jeden Fall dran bleiben will. Denn bisher dachte ich immer, dass mein Alkoholkonsum einzig und alleine schuld an meiner Energielosigkeit sein würde, und nun eröffnen sich da ganz neue Perspektiven für mich. Vielleicht bekomme ich ja am Ende doch auch noch die Kraft, um endlich vom Alkohol loszukommen. Denn wenn ich mehr Energie habe, dann kann mir das ja auch bei meinem Entzug helfen, durchzuhalten. Wie gesagt, an diesem Thema bleibe ich dran, und so wie Evi sagt, hatte sie auch sowas mit einem Virus. Nachdem das durch diesen Heilpraktiker behandelt wurde, hat sie jedenfalls ihre altbekannte Energie zurückbekommen.
Ich bin jetzt ziemlich gespannt, ob sich jetzt was Positives für mich entwickelt.

Ich traue mich nicht, mich zu outen

Olaf W., 43 Jahre, aus D.

Hallo Herr Mexa,
vielen Dank für Ihr Buch, mit dem Sie mir sehr die Augen geöffnet haben. Ich trinke schon seit vielen Jahren, aber erst vor ungefähr 2 Jahren habe ich für mich erkannt, dass ich wohl ein Problem mit Alkohol habe. Bis dahin hatte ich mir gar keine Gedanken darüber gemacht und ließ praktisch keine Gelegenheit aus, Alkohol zu trinken. Auch dass ich häufig tagsüber Bier trank, empfand ich bis vor 2 Jahren als nichts Besonderes, denn in meinem Job war es nicht außergewöhnlich, dass man auch tagsüber Zugriff zu alkoholischen Getränken hatte.

Möglicherweise hat mich mein Job darin unterstützt, zum Alkoholiker zu werden, denn der Griff zur Flasche war jederzeit und überall für mich möglich. Auch jetzt ist die Situation noch so, und ich weiß, dass ich jetzt endlich etwas dagegen unternehmen muss, wenn ich nicht in Schwierigkeiten geraten möchte. Ich bin als Leiter einer Veranstaltungshalle zwar Angestellter im öffentlichen Dienst, sodass ich da etwas mehr Schutz genieße als Angestellte in der freien Wirtschaft, wo viele meiner Kumpels arbeiten, aber trotzdem muss ich ja nicht alles aufs Spiel setzen. Das will ich auch nicht. Für mich ist es im Moment noch ein sehr großes Problem, mit meiner Alkoholsucht nach außen zu treten. Ich habe noch mit niemandem über mein Trinken gesprochen, obwohl ich eigentlich glaube, dass es da einige Leute in meinem Umfeld gibt, die ahnen, dass ich zu viel trinke. Gesagt hat aber noch niemand etwas, auch mein Chef nicht, der ungefähr einmal pro Woche hier in der Halle aufschlägt und mit mir ein Bierchen kippt. Ich habe schon gedacht, ob der vielleicht sogar selbst ein Problemchen mit dem Alk hat, aber ich kann ihn doch nicht da drauf ansprechen!
Im Moment bin ich noch ziemlich ratlos, wie ich mit meiner Trinkerei zukünftig umgehen soll. Mir ist klar, dass ich ohne Hilfe nicht davon los komme. Ein erster Schritt war es für mich, dass ich mir Ihr Buch besorgt hatte. So konnte ich mir einen ersten Überblick verschaffen, und am Ende des Buches war ich auch hoch motiviert, mich in eine

Therapie zu begeben. Aber wie soll ich das beruflich umsetzen? Als Hallenleiter bin ich hier ständig gefordert, ich muss anwesend sein, wenn die Veranstaltungen stattfinden, da gibt es niemanden, der für mich einspringen könnte. Ich habe Angst, dass es am Ende doch meinen Job kosten könnte, wenn die Chefs mitbekommen, dass ich ein Alkoholproblem habe. Vielleicht meinen sie, dass ich dann für so einen Job nicht mehr in Frage kommen würde, weil ich in diesem Umfeld ja nie trocken werden könnte.

Ich habe noch keine Lösung für mein Problem gefunden, obwohl es mich mittlerweile fast jeden Tag beschäftigt. Ich weiß, dass ich etwas unternehmen muss, aber ich bin so ratlos. So hilflos.

Wenn die Beziehung mit meiner jetzigen Lebensgefährtin schon stabiler wäre, würde ich am liebsten mit ihr darüber sprechen. Aber ich habe große Angst, dass sie mich nach einem Outing verlassen würde. Auch das ist ein ziemlich heikles Thema für mich, denn eigentlich passen wir wirklich gut zusammen. Auch ihren Sohn habe ich voll ins Herz geschlossen, sodass mir eine Trennung sehr zusetzen würde. Ich habe lange genug nach so einer Partnerin gesucht, als dass ich unsere Beziehung jetzt wegen meiner Trinkerei aufs Spiel setzen möchte. Das ist eine ganz blöde vertrackte Situation, in der ich da gerade bin. Vielleicht ergibt sich ja irgendwann von alleine eine Lösung. Ich bin so einer, der nicht von sich aus aktiv wird in solchen Situationen, sondern der angeleitet werden muss, um private Probleme zu lösen.

Liebe Mitstreiter – lasst es mit dem Trinken nicht soweit kommen wie ich

Edwin P., 71 Jahre, aus Potsdam

Seit fast 20 Jahren bin ich trockener Alkoholiker und setze mich immer noch stark für das Thema ein. Deswegen bin ich auch gerne bereit, einige meiner Erfahrungen zu Papier zu bringen, damit meine „Mitstreiter" von meiner Geschichte auch etwas lernen können. Vielleicht hilft es ihnen, dass sie erst gar nicht so tief in den Sumpf hineingeraten wie ich. Mein Sumpf war nämlich ziemlich tief, ich glaube nicht, dass es noch wesentlich tiefer geht. Ja gut, die Gosse vielleicht noch, die ist mir im allerletzten Moment erspart geblieben. Aber der Schritt bis hierher war nur noch ein sehr kleiner.
Ich habe über 30 Jahre hauptsächlich nur ein einziges Hobby gehabt: Trinken. Während meiner aktiven Alkoholkarriere gehörte Alkohol zu meinem ganz normalen Tagesablauf.

Viele Menschen denken, dass Alkoholismus nur in bestimmten Kreisen vorkommt, und besonders in sehr einfach strukturierten Gesellschaftsschichten Alkoholsucht ein Thema ist. Doch an dieser Stelle muss ich arg widersprechen, denn nicht nur ich bin ein Beispiel, das diesem Vorurteil widerspricht, sondern auch viele meiner Bekannten, die ich während der Entzüge kennengelernt habe, entstammen wohlsituierten Familien. Der eine ist Architekt, der andere hat eine Kunstgalerie, noch ein anderer ist Arzt und einer meiner mittlerweile besten Freunde ist Staatsanwalt. Das Alkoholthema zieht sich wahrhaftig durch alle Gesellschaftsschichten, und wenn ich nicht im letzten Moment noch „gerettet" worden wäre, dann hätte ich diese verschiedenen Gesellschaftsschichten tatsächlich im wahrsten Sinne des Wortes selbst durchlaufen – sozusagen vom Banker in die Gosse.
Dass es am Ende doch nicht ganz so weit kam, habe ich meiner Schwester Elfriede zu verdanken. Sie ist die einzige Verwandte, die von unserer einstigen Großfamilie noch übrig geblieben ist. Und sie war es auch, die seinerzeit von der Polizei kontaktiert wurde, als ich auf einer Parkbank in Berlin aufgegabelt wurde. Auf dieser Bank war ich mitten

im Sommer gelandet, nachdem ich zuerst meine Frau, den Job und anschließend noch meine Wohnung verloren hatte. Ich stand buchstäblich vor dem Nichts, und der einzige Trost, den ich in dieser Situation noch fand, war der Alkohol. Je mehr mir mein Gerüst genommen wurde, je mehr mein Privatleben in sich zusammenfiel, umso mehr versuchte ich diesen Frust, diese Angst vor der Zukunft und das Nichtwissen, wie es weitergehen soll, mit Alkohol zu übertünchen.

Während ich meinen ganzen restlichen Hausstand bei einem meiner letzten Freunde unterbringen konnte, verbrachte ich diesen eigentlich schönen Sommer in Parks und auf Bänken in und um Berlin herum. Finanziell hatte sich mittlerweile ein riesengroßer Krater aufgetan, denn ich hatte kein Einkommen mehr. Nach dem alkoholbedingten Jobverlust hatte ich zunächst noch 1,5 Jahre Arbeitslosengeld bezogen, und danach wäre Hartz 4 dran gewesen. Doch in meinem Alkoholwahn war ich gar nicht in der Lage, mich mit Papierkram zu beschäftigen. Ich hatte mir auch angewöhnt, Post schon seit Monaten einfach nicht mehr zu öffnen. Ich weiß heute, dass ich dadurch meine Ex-Frau in eine sehr missliche Lage gebracht hatte, weil auch sie finanziell sehr unter dieser Situation litt und von mir ja auch keinen Unterhalt beziehen konnte. Ich verdiente ja nichts mehr, also was sollte ich abgeben?

Die Ersparnisse waren eh schon versoffen, und meine Frau hatte noch einige Summen für sich in Sicherheit gebracht, damit sie zumindest eine andere Wohnung für sich anmieten konnte. Und da sie zu dieser Zeit schon Mitte 50 war, konnte sie sich auch keinen Job mehr suchen. Ich weiß, dass meine Trinkerei auch das Leben meiner Ex-Frau ziemlich stark strapaziert hat. Auch meine beiden Kinder haben sehr unter der Situation gelitten. Damals, als wir glänzende Zeiten erlebten, der Papa einen gut dotierten Job hatte, Ansehen im Freundes- und Bekanntenkreis genoss, da war alles pikobello. Da gab man an mit dem tollen Herrn Papa, der so viel Geld verdiente und den Kindern jeden Wunsch erfüllen konnte. Aber als der Herr Papa das nicht mehr konnte, da wurde er verachtet, aufs Abstellgleis gestellt. Am besten war es, wenn man die Kinder erst gar nicht auf den Papa ansprach. Wäre ja auch peinlich gewesen zu sagen: Mein Papa war Banker, jetzt wohnt er auf einer Parkbank, weil er Haus und Hof versoffen hat. Da wird nicht gefragt, wieso es überhaupt dazu gekommen ist. Oder wie es dem Herrn Papa da überhaupt geht? Was er für Zukunftsängste hat, ob er gesundheitliche Probleme hat, ob er überhaupt auch Gefühle hat, und ob er überhaupt mit dieser Parkbank glücklich ist. Auch wenn das für meine Kinder sicher keine einfache Situation war und ist, so muss ich doch sagen, dass sich meine Kinder sehr aus dem Staub gemacht haben und hauptsächlich durch Abwesenheit glänzten. Sie machten stattdessen Karriere, heirateten in gehobene Kreise ein und ließen den Alten vor sich hin rotten. Aber da war ja noch Elfriede, die gute Seele, die eigentlich am allerwenigsten Grund gehabt hätte, mir zu helfen. Denn ich muss zugeben, dass ich mich ihr gegenüber nicht immer wirklich nett verhalten habe. Ja, ich war ihr gegenüber wohl ziemlich überheblich gewesen und machte mich oft lustig über ihr eher einfach strukturiertes Leben als Ehefrau eines kleinen Beamten, so wie ich es früher oft sehr abfällig beschrieb.

Heute weiß ich, dass all dieser Schein, Oberflächlichkeit und das widerliche Standesdenken fürchterlich sind. Ich weiß heute im tiefsten inneren Winkel meines Herzens, dass es eben nicht die materiellen Dinge sind, die das Leben ausmachen. Sie sind Mittel zum Zweck, das ist klar, Geld wird benötigt, um den Alltag bestreiten zu können. Aber dann sollte ein Punkt kommen und nicht dieses ständige Hinterherlaufen nach den neuesten Trends, nach der teuersten Armbanduhr und dem schicksten Auto. Ich weiß, dass viele Menschen so denken und das einzige Ziel in ihrem Leben ist, möglichst vielen materiellen Wohlstand zu erreichen. Heute bin ich 71 Jahre alt, und mit meiner sehr intensiven Lebenserfahrung muss ich sagen, dass es viel erstrebenswerter ist, mit sich im Reinen zu sein, sich frei zu machen von materiellen Abhängigkeiten, von Luxusartikeln, die alle so verdammt vergänglich sind.

Das, was wirklich zählt sind Tugenden, die heutzutage leider einer starken Inflation zum Opfer gefallen sind wie da sind Ehrlichkeit, Verantwortung und Füreinander da sein.

Mein erster Urlaub ohne Alkohol
Jürgen W., 55 Jahre, aus Frechen

Sehr geehrter Herr Mexa,
gerne schreibe ich Ihnen ein paar Zeilen über meine Erfahrungen mit meiner Alkoholkrankheit. Ich war über 20 Jahre lang ein Spiegeltrinker und habe eine typische Karriere eines Alkoholikers durchlaufen. Nun bin ich seit fast 3 Jahren trockener Alkoholiker, trotzdem muss ich immer noch lernen. Vor allen Dingen, so manches Risiko zu umgehen, nicht rückfällig zu werden. In meinem Alltag habe ich mich inzwischen ganz gut eingefunden, sodass ich hier nur noch wenig mit Stolpersteinen konfrontiert werde. Aber wenn ich mich außerhalb meines fest gesteckten Alltaglebens bewege, merke ich schon noch vereinzelt meine Unsicherheit und Angst, doch wieder einen Rückfall zu erleiden.

Doch seit meinem letzten Urlaub ist meine Angst deutlich zurückgegangen und meine Zuversicht hat zugenommen. Durch meine Alkoholkrankheit war ich ungefähr 20 Jahre nicht mehr verreist. Wie sollte ich auch, wenn ich ständig unter Alkoholeinfluss stand? Die Klippen waren dafür einfach zu hoch, als dass ich mir einen Urlaub zugetraut hätte. Wie sollte ich im besoffenen Zustand in ein Flugzeug steigen? Wie sollte ich da 4 Stunden oder länger ruhig auf meinem Sitz verbringen, ohne dass mein heftiges Trinken aufgefallen wäre?

Und dann vor Ort in einem anderen Land? Ich male mir das jetzt lieber nicht aus, was da alles hätte passieren können.
Je länger ich abstinent war, umso mehr wuchs allerdings mein Wunsch, doch eines Tages wieder zu verreisen. In meiner Jugend hatte ich das leidenschaftlich gern gemacht, da war fast kein Jahr ohne eine Flugreise vergangen. Mein größter Wunsch war es nun, nach Teneriffa zu fliegen. Da meine Freunde keine Zeit hatten, entschloss ich mich, allein zu fliegen. Ich wollte mir diese Reise zu meinem zweijährigen Trockenjubiläum schenken. Gesagt, getan. Vor einem halben Jahr war es dann soweit, ich hatte ein schönes Hotel im Süden der Insel gebucht und freute mich wie ein kleines Kind auf meine Reise. Leider hatte ich

mir im Vorfeld den Reiseprospekt nicht gut genug durchgelesen, sodass ich in einem Hotel mit Halbpension gelandet war, wo der Tischwein automatisch serviert wurde. So wie andere Menschen Wasser zum Essen trinken, trank man hier in großen Mengen den Hauswein. Schon am ersten Abend in diesem Hotel geriet ich in große Panik, als ich mit einigen anderen Touristen gemeinsam an einem Tisch saß.

Ich musste mich regelrecht dagegen wehren, dass der Kellner mir keine alkoholischen Getränke ausschenkte und wurde von meinen Tischnachbarn ziemlich schief angeschaut.
An diesem Abend wurde mir schlagartig bewusst, auf welch ein Abenteuer ich mich hier eingelassen hatte. Da hatte ich meinen sicheren alkoholfreien Käfig zuhause verlassen und war hier in großer Gefahr. Denn mit dem Abendessen war das Problem nicht erledigt, es ging später an der Hotelbar leider noch weiter. Sicher, ich hätte mich nach dem Essen direkt in mein Zimmer zurückziehen können, aber ich wollte den Urlaub ja auch dazu nutzen, mal ein paar neue Leute kennenzulernen. Nach dem Erlebnis beim Abendessen überredete ich den Barkeeper, mir einen alkoholfreien Cocktail zuzubereiten. So fiel das optisch nicht auf, dass ich keinen Alkohol trank und ging Diskussionen mit anderen Touristen bequem aus dem Weg. Denn die Frage: Warum trinkst du keinen Alkohol? ist beim ersten Kennenlernen nicht immer der beste Einstieg.

Was ich bei meinem alkoholfreien Cocktail allerdings nicht bedacht hatte, war die Tatsache, dass diese Getränke in Gläsern zubereitet werden, die auch für die alkoholischen Cocktails verwendet werden. Erst als ich mein Glas vor mir stehen hatte, fiel mir ein, dass hierdurch das Suchtgedächtnis wieder animiert werden kann und man sich hierdurch in große Gefahr eines Rückfalls begeben kann. Dieses Triggern halt, das hatte ich nicht bedacht, das war ein blöder Fehler. Ich trank mein Glas nur halb leer und verließ die Hotelbar fast panikartig. Der erste Urlaubstag war also nicht gerade von Erfolg gekrönt, und ich fragte mich anschließend im Bett, warum ich eigentlich so ein Urlaubsabenteuer auf mich genommen hatte.

Gott sei Dank schlief ich an diesem Abend schnell ein, sodass ich nicht noch auf dumme Gedanken kommen konnte. Am nächsten Morgen entschloss ich mich, die Fehler vom Abend zuvor nicht zu wiederholen. Also kein Abendessen mehr im Hotelrestaurant, und auch keine Hotelbar. Ich vereinbarte mit den Hotelmitarbeitern, dass ich mir mein Abendessen mit auf mein Zimmer nehmen konnte. Anfangs war man nicht begeistert von meinem Wunsch, aber als ich ihnen genau erklärte, warum das für mich wichtig sei, lenkte man schnell ein. Und auch mein Wunsch, mir unbedingt nur alkoholfreie Desserts auszuhändigen, wurde berücksichtigt, denn vor den versteckten Alkoholen hatte ich bei dem Hotelessen wirklich die größte Angst. Meistens gab man mir zum Nachtisch Obst, so war ich auf jeden Fall auf der sicheren Seite. Tagsüber nutzte ich die Zeit, indem ich stundenlange Ausflüge unternahm und mit meinem Mietwagen die Insel erkundete. So war ich von meinem Alkohol-Thema bestens abgelenkt und abends viel zu müde, als dass ich noch den Wunsch gehabt hätte, mich an die Hotelbar zu begeben.

Insgesamt habe ich den Urlaub nach den anfänglichen Schwierigkeiten ganz gut gemeistert und auch sehr genossen. Ich bin sicherer im Umgang mit fremden Situationen geworden und habe eine Spur meiner Angst verloren. Wichtig ist für mich, dass ich gefährliche Situationen rechtzeitig erkenne und denen dann mit entsprechenden Handlungen begegne. Ganz nach dem Motto „Gefahr erkannt – Gefahr gebannt". Da der Teneriffa-Urlaub letztendlich wirklich wunderbar geklappt hat, plane ich jetzt meine nächste Reise. Im Januar möchte ich der hiesigen Kälte ausweichen und bereite jetzt einen Urlaub auf Lanzarote vor. Aus den Fehlern meines Teneriffa-Urlaubs habe ich gelernt und werde nun eine Ferienwohnung buchen, sodass ich mir dort meine Mahlzeiten selbst zubereiten kann und solche Gefahren wie auf Teneriffa von vornherein ausschließen kann. Eine Hotelbar gibt es übrigens in der Anlage nicht.

Nach meinem Entzug brauchte ich neue Freunde und Bekannte
Johannes W., 42 Jahre, aus Berlin

Sehr geehrter Herr Mexa,
vielen Dank für Ihre Anfrage, ob ich einen Bericht über meine Alkoholsucht schreiben könnte. Ihrem Wunsch komme ich gerne nach, obwohl ich noch nicht sehr viel Erfahrung als trockener Alkoholiker habe. Aber ich denke, dass auch meine bisherigen Erfahrungen ganz interessant für andere Betroffene sein können. Eigentlich kann ich sagen, dass mir der Entzug viel leichter gefallen ist, als ich mir das vorher vorgestellt hatte. Bevor ich in die Klinik eingeliefert wurde, hatte ich nämlich eine unvorstellbare Angst vor dieser Entzugszeit. Eigentlich war das auch der Hauptgrund, warum ich mich nie an dieses Thema herangewagt hatte. Vielleicht hatte ich auch großes Glück mit meinen Therapeuten, die mich in der Klinik wirklich enorm unterstützten und immer für mich da waren, wenn ich Hilfe benötigte.
Besonders wichtig war für mich, dass auch meine Familie in die Therapie integriert wurde. Jedes zweite Wochenende besuchte mich meine Frau, sodass sie auch an einigen Therapiegesprächen teilnehmen konnte. So wuchs in ihr das Verständnis für meine Krankheit und auch die Sensibilität für die Dinge, auf die wir nach meiner Rückkehr aus der Klinik achten sollten.

Natürlich war das alles für meine Frau nicht leicht. Sie litt sehr unter meiner Trinkerei und hatte schon die ganzen letzten Jahre viel Kraft aufgebracht, damit wir unsere Beziehung überhaupt noch aufrecht erhalten konnten. Sie hat sicherlich den größten Part dazu beigetragen, dass wir heute noch zusammen und glücklicher als je zuvor sind. Sie unterstützt mich, wo immer sie kann und bewahrt mich ganz bewusst vor so mancher Gefahr, die da draußen immer noch lauert. Mir ist klar, dass ich noch nicht im sicheren Hafen gelandet bin, weil sich da einfach noch zu viele Risiken in meinem Umfeld tummeln. Eines dieser Risiken habe ich allerdings gemeinsam mit meiner Frau innerhalb des vergangenen Jahres bewusst ausgeräumt. Es ging nicht anders, auch wenn es uns so manches Mal ausgesprochen schwer fiel.

Als ich aus der Suchtklinik zurück nach Hause kam, merkte ich erst, was für Gefahren da überhaupt auf mich lauerten. Darüber hatte ich mir in der Klinik zu wenige Gedanken gemacht, obwohl meine Therapeuten mich immer wieder darauf hinwiesen, ich solle mich mit diesem Thema beschäftigen. Es ging um meine Freunde und Bekannte, die zwar alle schon seit einigen Jahren von meiner Alkoholsucht wussten, die meine Krankheit aber nicht wahrhaben wollten und bagatellisierten. Schon als ich ihnen sagte, ich würde in Kürze in eine Entzugsklinik gehen, nahmen sie mich nicht ernst und meinten, ich solle einfach weniger trinken, dann wäre alles gut. Nur dafür, dass man manchmal etwas zu viel Alkohol trinken würde, müsste man doch nicht in eine Klinik. Sie fanden meinen Entschluss viel zu übertrieben und klopften mir stattdessen auf die Schulter und wollten mit einer Flasche Bier mit mir anstoßen.

Ich weiß noch genau, wie dieser Moment war, als mich ein Freund bequatschen wollte, damit ich meinen Klinikaufenthalt rückgängig machen würde. Er meinte, das wäre doch gar nicht mein Entschluss, sondern ich würde das nur machen, weil meine Frau das von mir verlangen würde. Er wollte einfach nicht wahrhaben, dass ich Alkoholiker bin, vielleicht weil er es auch selbst ist? Doch ich ließ mich von seinem Gequatsche nicht beirren und verfolgte meinen Entschluss weiter. Als ich aus der Suchtklinik zurück war und wir unseren ersten gemeinsamen Kegelabend mit meinen alten Freunden hatten, wurde es allerdings sehr brenzlig für mich. Während des Kegelns wurde eifrig Alkohol gebechert, und ich saß da mit meinem Pfefferminztee und Zitronenwasser. Irgendwie fühlte ich mich fehl am Platze und nicht mehr dazugehörig. Zum ersten Mal wurde mir auch bewusst, wie langweilig es ist, wenn man sturznüchtern mit besoffenen Menschen an einem Tisch sitzt.
Ich ging in den folgenden Wochen noch zwei weitere Male zu unseren Kegelabenden, und beschloss danach, Schluss damit zu machen. Mir ist der Entschluss sehr schwer gefallen, weil das doch alles meine alten Jungs aus meiner Jugend waren. Aber meine Angst, rückfällig zu werden, war einfach zu groß. Denn ich musste erkennen, dass man

hier keinerlei Rücksicht auf mich nahm und mein Alkoholproblem nicht mal ansatzweise ernst nahm. Anfangs hat mich das schon sehr enttäuscht, aber mittlerweile bin ich ganz gut darüber hinweg.
Ich habe erkannt, dass durch meine alten Bekannten- und Freundeskreise eine zu große Gefahr besteht, dass ich eines Tages wieder an der Flasche hängen würde. Und ich wollte mein neues Leben, fern vom Alkohol, auf keinen Fall riskieren. Denn mir war klar, dass es bei einem Glas Bier auf der Kegelbahn nicht bleiben würde. Das erste Glas Bier würde mich zurück in mein altes Leben befördern. Und da wollte ich auf keinen Fall wieder landen. Anfangs war es für mich schon eine große Umstellung, meine Kumpels nicht mehr zu treffen. Mittlerweile habe ich einige neue Bekannte, bei denen ich mich gut aufgehoben fühle. Ich gehe jetzt zweimal wöchentlich in ein Fitness-Center, und hier ist Alkohol kein Thema. Außerdem bin ich jetzt viel im Internet und habe dort schon einige nette Bekanntschaften gemacht. Da ich hier viel in Foren unterwegs bin, in denen Alkoholiker ihre Erfahrungen austauschen, bin ich auch hier ganz gut aufgehoben. Dieser Erfahrungsaustausch unterstützt meinen Weg sehr, weil viele von meinen Bekannten sehr ähnliche Erfahrungen wie ich gemacht haben. Das tut einfach gut. Hier werde ich verstanden.

Stricken ist jetzt meine Ersatzdroge
Susanne I., 50 Jahre, aus Hanau

Hallo lieber Verlag,
gerne schreibe ich Ihnen einige meiner Erfahrungen auf, die ich im Rahmen meiner Alkoholsucht gemacht habe. Wie Sie wissen, wollte ich erst nicht, ich habe mich nicht getraut. Aber nachdem wir einige Male hin- und her gemailt hatten, konnten Sie mich dann doch überzeugen. Und Sie haben ja Recht, denn ich habe nichts zu verlieren, weil eh alles anonym veröffentlich wird. Seit nunmehr 12 Jahren bin ich trockene Alkoholikerin. Nach einer über 20-jährigen Karriere als Trinkerin ist dies für mich nicht selbstverständlich, und es war ganz ehrlich gesagt, ein sehr harter und langer Weg, überhaupt bis hierher zu kommen. Als ich vor 12 Jahren aus der Suchtklinik in die „Frei-

heit" entlassen wurde, habe ich anfangs selbst nicht daran geglaubt, dass ich es schaffen würde, dauerhaft dem Alkohol zu entsagen. Ich hatte eigentlich nur gehofft, dass ich es schaffen würde. Überzeugt davon, das Ziel erreichen zu können, war ich in den ersten 2 Jahren nach meiner Entziehung zu keinem Zeitpunkt. Umso glücklicher bin ich heute, dass ich es tatsächlich geschafft habe und mittlerweile auch fast gar keine Angst mehr da ist, dass ich doch noch mal rückfällig werden könnte. Auch wenn ich von vielen anderen Betroffenen weiß, dass sie hin und wieder Rückfälle erlitten haben, so kann ich von mir behaupten, dass ich keinen einzigen hatte. Darüber bin ich natürlich sehr froh.

Ich weiß auch, dass viele andere Betroffene nicht direkt nach dem ersten Entzug erfolgreiche Ex-Alkoholiker werden, und dass sie mehrere Anläufe dafür benötigen. Obwohl meine Alkoholsucht viele Jahre angedauert hat, war es trotzdem schon nach dem ersten Entzug sozusagen erledigt. Das hört sich jetzt so einfach an, aber das war es natürlich nicht. Vielleicht habe ich Glück gehabt, dass ich an wirklich sehr gute Therapeuten geraten bin, die mich genau dort greifen konnten, wo ich es in dem Moment benötigte. Sie schafften es, in mir den Ehrgeiz und die Willensstärke heraus zu kitzeln, mit dem Trinken aufzuhören. Dabei gaben sie mir auch viele Hilfestellungen, die ich im Alltag umsetzen konnte und die mich auf meinem Weg in die Trockenheit begleiten sollten.

Am Anfang war es überwiegend die Ablenkung, die vonnöten war. Ich musste in den ersten 6 Wochen ganz extrem vom Thema Alkohol abgelenkt werden. Nur in den Gesprächsrunden mit den Therapeuten wurde Alkohol angesprochen, ansonsten fand es sozusagen nicht in meinem Klinikalltag statt.

Soweit ich das körperlich schaffen konnte, nahm ich an vielen verschiedenen Kursen teil, die in der Klinik angeboten wurden. Neben Rückengymnastik und Volleyball genoss ich auch die kreativen Angebote. Hier fand ich die Liebe zur Strickerei zurück, die ich in meiner Mädchen- und Jugendzeit immer voller Begeisterung gepflegt hatte. Wer mich aus damaligen Zeiten kennt, der weiß, dass mein Spitzname nicht ohne Grund „Strickliesel" war, und ich fast jede Woche irgendein neues Kleidungsstück oder einen neuen Topflappen zauberte. Diese alte Liebe loderte während der Therapie förmlich in mir auf, es war eine große Freude für mich. Ich konnte mich dem Stricken hingeben, das war wirklich zauberhaft. Besonders in der Anfangsphase meiner Kur kam mir zugute, dass ich durch das Stricken die Hände beschäftigt hatte. So hatte ich ja sozusagen gar keine Hand frei, um zur Flasche zu greifen.

Noch heute – so viele Jahre nach meinem Entzug gehört das Stricken zu meinem täglichen Leben. Dass es mich einst so intensiv auf dem Weg in die Trockenheit begleitet hat, daran denke ich allerdings nur noch selten.
Ich kann aus meiner Erfahrung anderen Betroffenen nur empfehlen, sich ein schönes Hobby auszusuchen, das als eine Ablenkung vom Trinken helfen kann. Bei mir hat das Stricken funktioniert, weil es bei mir auch darum ging, die Hände zu beschäftigen. Das ist natürlich bei jedem Menschen anders. So weiß ich zum Beispiel von zwei Freundinnen, die durch Sport trocken geworden sind oder wo der Sport den Entzug jedenfalls enorm erleichtert hat. Die eine joggt nun wöchentlich dreimal und die andere hat sich zuhause ein kleines Fitnessstudio aufgebaut, wo sie täglich ihre Gewichte hebt, auf dem Hometrainer sitzt oder den Stepper besteigt – und das, obwohl sie mittlerweile stolze 76 Jahre zählt.

Der Alkohol hat gewonnen

Frau M., aus Wien

Sehr geehrte Damen und Herren,
einen Selbsthilfe-Ratgeber von Betroffenen für Betroffene zu veröffentlichen, finde ich gut. Leider oder besser gesagt, Gott sei Dank kann ich keinen Beitrag für diesen Ratgeber liefern, da ich persönlich nicht unter dieser Krankheit leide. Meine Entscheidung, den Ratgeber „Raus aus dem Suff - so besiegst du deine Alkoholsucht" zu bestellen, war ein letzter, leider vergeblicher Versuch, meinen Freund (der meines Erachtens zu viel trinkt) zum „Aufhören" zu bewegen.
Bevor ich das Buch gelesen habe, fühlte ich mich gegen die Alkoholsucht meines mittlerweile Ex-Lebensgefährten ratlos. Jetzt weiß ich, dass ich dieser Krankheit gegenüber machtlos bin. Habe ihm ein Ultimatum gestellt: Alkohol oder ich - der Alkohol hat gewonnen, und ich bin gegangen.
Somit ist eine der von Ihnen gestellten Fragen beantwortet: Haben sich Mitmenschen aufgrund ihrer Erkrankung von Ihnen distanziert – JA.
Mit freundlichen Grüßen aus Wien.

Ich bin ratlos

Roswitha H., aus dem Münsterland

Ich wollte meinem Freund helfen, will es noch immer. Leider muss ich zur Kenntnis nehmen, dass meine Mühe vergebens ist. Sobald ich ihn auf seine Abhängigkeit vom Alkohol anspreche, sagt er, dass er davon nichts hören will und meint „ich brauche einen Psychiater". Ich bin ratlos! Es ist für mich schmerzhaft, mit ansehen zu müssen, wie er sein Leben kaputt macht. Nun bin ich dabei, ihn zu verlassen, obwohl ich ihn noch immer liebe. Er kann nicht verstehen, warum mich die „Sauferei" belastet und meint, dass er mich sehr liebt und ich nicht wegen dieser Kleinigkeit unsere Beziehung zerstören soll.
Dreimal wöchentliches Betrinken bis zur Kapitulation (Schnaps). Es ist nur mehr eine Frage von kurzer Zeit, bis sein Leben vorbei ist. Ich

will es nicht wahrhaben, bin sehr traurig.
Danke mit freundlichen Grüßen.

Ende

Hinweise für die Leser

Alle Angaben in diesem Buch wurden nach bestem Wissen und mit größter Sorgfalt erstellt. Die Angaben und Empfehlungen erfolgen ohne Verpflichtung oder Garantie des Autors. Er und der Verlag übernehmen keine Verantwortung und Haftung für Personen-, Sach- und Vermögensschäden aus der Anwendung der hier erteilten Ratschläge. Dieses Buch hat nicht die Absicht und erweckt nicht den Anspruch, eine ärztliche Behandlung zu ersetzen. Ausdrücklich wird empfohlen, eine medizinische Diagnose vom Therapeuten einzuholen und eine entsprechende Therapiebegleitung durchzuführen. Einige der vorgestellten Maßnahmen weichen von der gängigen medizinischen Lehrmeinung ab, und resultieren aus der Erfahrungsheilkunde. Es wird ausdrücklich darauf hingewiesen, dass mit diesem Buch keine erfüllbaren Hoffnungen erweckt werden, die eventuelle Heilerfolge erwarten lassen können. Werden Personenbezeichnungen aus Gründen der besseren Lesbarkeit lediglich in der männlichen oder weiblichen Form verwendet, so schließt dies das jeweils andere Geschlecht mit ein. Die Verwertung der Texte und Bilder, auch auszugsweise, ist nur mit Zustimmung des Verlags und des Autors erlaubt. Dies gilt auch für Vervielfältigungen, Übersetzungen, Mikroverfilmungen und für die Verarbeitung mit elektronischen Systemen. Die in diesem Buch zusammengestellten Adressen erheben keinen Anspruch auf Vollständigkeit. Sie wurden nach bestem Wissen und Gewissen erstellt. Die Angaben gelten vorbehaltlich jeglicher Änderungen.
Die abgebildeten Personen auf dem Umschlag dieses Buches sind Modelle und dienen ausschließlich zum optischen Zwecke der Gestaltung und sind weder Betroffene noch Angehörige.